O DOM DA LEITURA
HELDER CAMARA
e suas bibliotecas

Lucy Pina Neta

O DOM DA LEITURA
HELDER CAMARA
e suas bibliotecas

Dados Internacionais de Catalogação na Publicação (CIP)

Pina Neta, Lucy
  O dom da leitura : Helder Camara e suas bibliotecas / Lucy Pina Neta. – 2. ed. -- São Paulo : Paulinas, 2019. – (Sal & luz)

  ISBN 978-85-356-4450-0

  1. Bibliotecas 2. Bispos - Brasil - Biografia 3. Camara, Helder, 1909-1999 4. Concílio Vaticano (2. : 1962-1965) 5. Leituras I. Título. II. Série.

18-19169   CDD-282.092

Índice para catálogo sistemático:
1. Camara, Helder : Arcebispos : Igreja Católica : Biografia e obra : Textos de homenagem   282.092

Iolanda Rodrigues Biode - Bibliotecária - CRB-8/10014

2ª edição – 2019

Direção-geral: Flávia Reginatto
Editores responsáveis: Vera Ivanise Bombonatto
                        João Décio Passos
Copidesque: Ana Cecilia Mari
Coordenação de revisão: Marina Mendonça
Revisão: Sandra Sinzato
Gerente de produção: Felício Calegaro Neto
Diagramação: Jéssica Diniz Souza

Universidade Católica de Pernambuco – Unicap
Reitor: Pedro Rubens Ferreira Oliveira, sj

Nenhuma parte desta obra poderá ser reproduzida ou transmitida por qualquer forma e/ou quaisquer meios (eletrônico ou mecânico, incluindo fotocópia e gravação) ou arquivada em qualquer sistema ou banco de dados sem permissão escrita da Editora. Direitos reservados.

Paulinas
Rua Dona Inácia Uchoa, 62
04110-020 – São Paulo – SP (Brasil)
Tel.: (11) 2125-3500
http://www.paulinas.com.br – editora@paulinas.com.br
Telemarketing e SAC: 0800-7010081

© Pia Sociedade Filhas de São Paulo – São Paulo, 2018

Universidade Católica de Pernambuco – Unicap
Rua do Príncipe, 526
50050-900 — Boa Vista — Recife (PE)
Tel.: (81) 2119-4011
http://www.unicap.br

Às mulheres da minha vida.

"Toda a humanidade é feita de um único autor e pertence a um único volume;
quando um homem morre, um capítulo não é retirado do livro,
mas sim traduzido para uma linguagem melhor,
e cada capítulo, desse modo, será sempre traduzido.
Deus se vale de vários tradutores; algumas peças são traduzidas pela idade,
algumas pelas doenças, algumas pelas guerras, outras pela justiça,
mas a mão de Deus está sempre em toda forma de tradução,
e sua mão sempre ata todas as folhas dispersas para que a biblioteca,
onde todos os livros se encontram em paz,
possa se abrir para os outros."
(John Donne, *Meditações*, p. 103)

Sumário

Introdução 11

Algumas notas sobre os manuscritos de Dom Helder 15

Parte 1
Elementos para um perfil intelectual de Helder Pessoa Camara 21

A fase cearense. O sonho de ser padre 23

O intelectual vai à Capital Federal. A vida de
Padre Helder entre os anos de 1936 e 1964 33

A transferência para a Arquidiocese de Olinda e Recife 43

Parte 2
Um homem, suas bibliotecas. A contribuição dos livros
para a formação dos "dons" 55

Um intelectual à moda carioca. A Biblioteca Rio
do Padre Helder Camara 61

Os livros do arcebispo. A Biblioteca Recife de Helder Camara 69

Parte 3
O padre, um leitor 81

As anotações de Padre Helder e Virgínia à obra
de Aníbal Ponce. Diário íntimo de dois intelectuais 85

Um papa, um bispo e um leigo. Os diálogos entre
Paulo VI, Helder Camara e Jean Guitton 99

Considerações finais... 111

Linha cronológica biobibliográfica 117

Imagens – Acervo do Instituto Dom Helder Camara – IDHeC 133

INTRODUÇÃO

"Faça-se a luz!" ... Em virtude dessa ordem do Senhor, procederam as letras e as palavras, segundo a interpretação cabalística. Deixar registros para gerações futuras, das memórias de uma época, é um dos aspectos aos quais se credita a perpetuação do homem sobre a terra. Antes, as memórias registradas e administradas pelo nosso cérebro, segundo Umberto Eco, eram transmitidas pela linguagem oral e se perdiam no tempo. Depois, as memórias passaram a ser registradas em suportes mais resistentes, as bases minerais, em *tabuinhas* de argila ou esculpidas em pedra. Desse modo, a memória social enriqueceu-se de aspectos simbólicos, as imagens colocadas em locais determinados ajudaram a formar a consciência da memória coletiva, da história de um grupo.

Vamos nos deter, neste livro, a contar um pouco sobre a memória vegetal, aquela que ficou escrita nas folhas de papel, nas páginas dos livros. De modo genérico, a memória é, em certa medida, a própria história, e para cada forma de transmiti-la foi necessário encontrar um lugar próprio para preservá-la. Nesse contexto, para guardar tábuas de argila, papiros, pergaminhos e livros, surgiram as bibliotecas. Estas foram definidas por Umberto Eco não apenas como o acumulado de livros, mas como "um organismo vivo, com vida autônoma".

Comuns entre as civilizações antigas, na Idade Média associadas a instituições religiosas como mosteiros e catedrais, por exemplo, as bibliotecas só passaram a ter um caráter intelectual laico a partir do século XII, com o surgimento das primeiras universidades. Este último "modelo" promoveu a democratização da informação e a especialização em diversas áreas do conhecimento. Deriva dele o modelo ainda mais específico, a biblioteca pessoal, cuja imagem refletida nas estantes é a de seu proprietário.

Sem a pretensão de descrever uma época ou um grupo de pessoas, os manuscritos e os livros, através dos quais esta obra se propõe levar o leitor a uma reflexão, formam um conjunto pessoal. Eles indicam o gosto particular de um padre nordestino que viveu durante o século XX, entre o Sudeste e o Nordeste do Brasil. A respeito da memória de si, em 1943, ele escreveu: "passarei pela vida sem deixar nenhum sinal mais forte, marca nenhuma duradoura e inesquecível. [...] Escreverei uns artiguinhos quaisquer [...] Talvez deixe uns dois livros. [...] Pregarei alguns sermões mais ou menos louvados. E morrerei".

Helder Pessoa Camara é o leitor e proprietário das bibliotecas através das quais nós o convidamos a passear, por dentre suas estantes. Para entendê-lo e contextualizá-lo, foram considerados não apenas sua formação escolar e profissional, mas, sobretudo, a relação que, ao longo da vida, ele desenvolveu com os livros. O objetivo é apresentar o Helder leitor, pouco conhecido do grande público, para quem os livros representaram muito mais do que uma fonte de informações.

Para trazê-lo conosco nesta viagem intelectual, além de informações sobre as obras que o Dom lia e das anotações às margens das páginas que ele mesmo fazia nos livros, resgatamos trechos de cartas, meditações, discursos, anotações que ele realizava em pequenas cadernetas, a maior parte delas apresentadas pela primeira vez ao público.

Do tipo de correspondência que usamos, já foram recuperadas duas mil cento e vinte e duas cartas escritas durante, aproximadamente, duas décadas, numa periodicidade quase diária. Elas são, desse conjunto de documentos que mencionamos, a parte mais rica, no sentido de que apresentam um panorama mais amplo e analítico a respeito da construção da memória que Dom Helder faz de si.

Esperamos oferecer ao leitor elementos para que possa nos acompanhar nessa reconstrução "biografia bibliográfica" e, para isso, procuramos não apenas indicar o que Dom Helder leu e anotou, mas, também, o que publicou e com quem costumava relacionar-se intelectualmente.

Sua vida, apresentada na primeira parte desta obra, foi dividida em três grandes períodos, que, mais do que uma época, denotam o lugar onde ele viveu. São eles: *Fortaleza e a formação sacerdotal (1909 – 1936)*; *O jovem Padre Helder e o Rio de Janeiro (1936-1964), Recife e o Arcebispo (1964-1985)*, neste último ano, Dom Helder tornou-se arcebispo emérito. Depois da aposentadoria, optou por continuar morando em Recife, nos fundos da Igreja de Nossa Senhora da Assunção, até o ano de sua morte, 1999.

Na segunda parte, apresentaremos as bibliotecas pessoais: uma ilustrativa dos anos em que viveu no Rio de Janeiro e, a outra, dos anos que morou em Recife. Elas indicam os caminhos literários e de maturação que ele percorreu. As escolhas literárias e as relações com os autores de algumas das obras são significativas, na medida em que elas podem ser a chave para entender como um homem, com as atribuições pastorais e burocráticas, pertinentes à função de arcebispo, foi sensível o suficiente para deixar-se levar pelas meditações e poemas, e enérgico, na mesma medida, para escrever sobre temas conflitantes como o ecumenismo, a política, a economia. Uma escolha não invalida a outra, mas indica uma largueza de espírito e a capacidade de contemplar, intelectualmente, assuntos e realidades díspares.

A terceira parte está reservada para conhecermos um pouco sobre o intelectual e sua relação com os livros, o intuito é apresentar como estes moldaram a atuação do padre no decorrer de seu amadurecimento intelectual, pois parte-se da suposição de que o ser leitor é que impulsionou às demais "imagens" que se conhece de Dom Helder, como o defensor dos direitos humanos, por exemplo.

Desejamos que o leitor se permita viajar pelas estantes do arcebispo, deixando-se envolver por uma nova forma de contar a história de um dos homens mais famosos e controversos da Igreja Católica brasileira. É bem verdade que não temos a pretensão de dar a última palavra sobre o assunto, mas, justamente o contrário, convidar a quantos se interessem em conhecer melhor este intelectual-sacerdote que foi Helder Pessoa Camara.

ALGUMAS NOTAS SOBRE OS MANUSCRITOS DE DOM HELDER

Conhecer os hábitos de leitura de Dom Helder é possível graças a uma vasta coleção de manuscritos que ele deixou sobre si, sobre sua atuação. Dessa coleção, selecionamos alguns que agora apresentamos resumidamente ao leitor, para que este conheça um pouco dessa riqueza inestimável.

As principais características das cartas são: primeiro, elas são circulares, um tipo de correspondência destinada a um grupo de pessoas. Dom Helder passa a nominá-las assim a partir da terceira carta. Segundo, elas seguem um padrão específico: um cabeçalho curto, com local e data, e, geralmente, tratam da passagem de um dia para o outro, porque eram normalmente escritas durante as vigílias noturnas; em seguida, uma saudação ao grupo de destinatários, à Família do São Joaquim (aqui o termo família pode ser interpretado como uma forma afetiva de tratar o grupo de amigos e colaboradores que trabalharam com ele durante os anos em que viveu no Rio de Janeiro, entre 1936 e 1964); já a expressão "São Joaquim" é o nome do palácio episcopal, residência oficial da Arquidiocese de São Sebastião do Rio de Janeiro, local onde eles trabalhavam. Ao ser transferido para a Arquidiocese de Olinda e Recife esse vocativo mudou, variando entre: "Família de Mecejana", "Família Mecejanense", "Família Mecejanense e Olinda-Recifense", "Família Joânica" e "Família Giovanina". Em 1964 Dom Helder firmou a escolha do nome do grupo, passando a chamá-los de Família Mecejanense, conforme escreveu na Circular n. 63, datada de 4 para 5 de novembro de 1964, "sabem que a Família, sem prejuízo do encanto pelo Papa João, preferiu manter o nome antigo?... Já, então, não mudaremos mais: *in aeternum*, Mecejanense!".

Também estão indicadas no cabeçalho a memória que animou a vigília, seja ela o nome de um santo ou uma santa, as intenções das orações daquela madrugada, a organização de viagem futura ou de uma atividade próxima. Não pense, leitor, que essa memória da vigília possa indicar o tema da circular, esta interpretação não é correta, pois, conforme será mostrado adiante, os temas abordados nas circulares são diversificados e uma única carta pode conter tantos assuntos quantos podem dar contar a agenda de atividades de um arcebispo.

Então, como é organizado o conteúdo no papel? Todas as cartas são numeradas e paginadas, a nominação das cartas segue, por exemplo, o contexto histórico-eclesiástico em que foram escritas. Durante as sessões do Concílio Ecumênico Vaticano II (1962- 1965), são chamadas, pelo próprio autor, de circulares conciliares; as que foram escritas nos meses das interseções do terceiro e quarto período conciliar são as interconciliares. As escritas depois do último período conciliar, a partir de 1965, recebem o título de pós-conciliares, até a vigília de 23 de março de

1970, quando elas passam a ser tituladas como "abertura da AJP para o plano mundial": AJP são as iniciais de Ação Justiça e Paz, uma referência à Comissão Pontifícia Justiça e Paz, criada, em janeiro de 1967, pelo Papa Paulo VI, com o objetivo de promover estudos dos problemas relacionados à justiça social, a fim de contribuir para o desenvolvimento das nações.

As cartas conservam uma margem à esquerda, o que não se repete em nenhuma das outras três extremidades da folha, talvez este fato indique que conscientemente ele desejava que as cartas fossem arquivadas, mais do que simplesmente guardadas. Outra característica é que as cartas possuem seções, o que facilita a leitura e a compreensão do texto. As primeiras linhas dedicam-se a informar sobre as atividades do cotidiano do arcebispo: são visitas pastorais, retiros, reuniões com párocos, ou seja, as atividades ligadas à arquidiocese. Essa seção acaba por informar os bastidores do episcopado de Dom Helder e, algumas vezes, suas angústias, ideias e aspirações.

Logo abaixo das informações cotidianas, surgem os assuntos relacionados às atividades programadas, são as viagens e as conferências. Aqui fica claro todo o trabalho que existe por trás do orador que foi Dom Helder, porque, ao ler as cartas, temos a certeza de que seus discursos e, em alguns casos, suas opiniões pessoais são fruto de uma construção coletiva, de intensa troca de correspondências, embora não se tenham conservado as respostas às circulares enviadas por ele. Conforme ele escreveu na Circular pós-conciliar n. 145, datada da madrugada do dia 5 para o dia 6 de setembro de 1966, "como método de trabalho, gosto de partir

17

de um esquema, que, depois, os amigos completam, corrigem e aprimoram; e as leituras alargam e enriquecem".

O último aspecto das cartas a destacar diz respeito aos esquemas de leituras, que são observações e resumos das obras lidas e anotadas por Dom Helder. Estes formam, junto com as anotações que ele fez nas margens dos livros, os fios condutores que nos possibilitarão a descrição e, em alguma medida, a análise do sacerdote-leitor.

Originalmente, pensávamos que os destinatários das circulares, ao recebê-las junto com os livros anotados por Dom Helder, faziam reuniões de leituras coletivas e discussões a respeito das obras. No entanto, esta ideia não é verdadeira, pois perguntamos a uma das destinatárias, Maria Luiza Amarante, e ela nos disse que era difícil acompanhar o ritmo intelectual de Dom Helder; eram muitos livros, com temas muito diversificados, lidos em um curto espaço de tempo. Desse modo, o trabalho de formação intelectual da Família dependia mais do esforço e da qualidade dos esquemas de leituras e resumos feitos por Dom Helder do que dos livros anotados e enviados, propriamente ditos. A única ressalva a esta constatação aconteceu na década de 1940, enquanto ele ainda morava no Rio de Janeiro e trocava livros anotados com Virgínia Côrtes de Lacerda.

Retomando a descrição do conjunto de manuscritos, temos as meditações, que são textos curtos, geralmente de conteúdo místico. Surgem sem um lugar específico, muitas foram escritas nas margens das páginas dos livros, outras aparecem no corpo do texto das circulares. Posteriormente, essas meditações foram reutilizadas em outros escritos, como os discursos e os programas de rádio: durante as décadas de 1970 e 1980, Dom Helder foi o condutor de dois programas diários na Rádio Olinda, "Pausa para uma prece" e "Um olhar sobre a cidade".

Esse hábito de escrever as meditações é antigo, desde os tempos de formação no seminário, e elas têm a peculiaridade de terem sido assinadas por um dos pseudônimos de Dom Helder, Padre José, sendo que já foram localizadas mais de sete mil meditações, algumas já públicas em livros.

As meditações ressaltam o gosto pelo texto mais livre e poético, algumas vezes, ele as escreveu a partir de alguma leitura prévia: costumava indicar essa prática com a expressão "Padre José anda lendo". Outras vezes, a partir de experiência do cotidiano, neste caso, a meditação aparece dentro do contexto de comentários, sem anúncio prévio. Não raro, elas estendem-se por muitas páginas, em vários pequenos textos, que em determinado momento chegam a preocupar Dom Helder, porque não desejava comprometer a função das circulares, conforme ele escreve na Circular n. 54, escrita em Recife, na madrugada de 28 para 29 de novembro de 1972, "fico-me perguntando se circular com Padre José é CIRCULAR... É verdade que meditação é testemunho do que é visto, ouvido, meditado, vivido... Mas entro demais nas meditações...".

Os dois últimos conjuntos de manuscritos que foram consultados para o desenvolvimento desta pesquisa são: as anotações encadernadas, escritas durante a década de 1940 e 1950, e as marcações feitas nas margens das páginas dos livros das bibliotecas pessoais de Dom Helder. Das anotações encadernadas foram consultados, principalmente, o caderno com as Regras do

Apostolado Oculto e dois outros cadernos com índices biográficos de santos da Igreja. Esses cadernos foram escolhidos porque ajudam a entender a relação com os modelos do apostolado e de vida adotados pelo Padre Helder.

PARTE 1
ELEMENTOS PARA UM PERFIL INTELECTUAL DE HELDER PESSOA CAMARA

> Os que madrugam no ler, convém madrugarem também no pensar. Vulgar é o ler, raro o refletir. O saber não está na ciência alheia, que se absorve, mas, principalmente, nas ideias próprias, que se geram dos conhecimentos absorvidos, mediante a transmutação, por que passam, no espírito que os assimila. Um sabedor não é um armário de sabedoria armazenada, mas transformador reflexivo de aquisições digeridas.
>
> (Rui Barbosa – *Oração aos Moços*, p. 63)

Um "transformador reflexivo", tal como descreveu Rui Barbosa, assim nos parece Dom Helder Camara. Para que o leitor possa acompanhar esse processo de transformação, vamos guiá-lo por uma forma diferente de apresentar a já conhecida biografia do falecido arcebispo de Olinda e Recife, a partir do que ele leu e anotou, distribuído por aquelas que ele mesmo indica como sendo "as grandes etapas" da sua vida: "Fortaleza (de 1909 a 1936); Rio de Janeiro (de 1936 a 1964); Recife (de 1964 a 1974 e até quando o Pai quiser)". Oferecemos aqui elementos para a construção de um perfil intelectual que é também uma forma de indicar um caminho alternativo para compreender aspectos da atuação e do comportamento de Dom Helder.

Os primeiros anos, a fase cearense, incluem momentos da infância, a ordenação sacerdotal até a sua transferência para a cidade do Rio de Janeiro. A segunda fase, a carioca, explora a experiência na burocracia da educação brasileira, suas relações intelectuais – os encontros com escritores, músicos, pintores, as atividades no Palácio de São Joaquim e os primeiros períodos do Concílio Ecumênico Vaticano II. A última fase, a recifense, apresentará os anos que esteve à frente do governo da Arquidiocese de Olinda e Recife, a participação nos dois últimos períodos conciliares e os difíceis anos da ditadura militar, até a nomeação de seu sucessor, Dom José Cardoso Sobrinho, O. Carm, em 1985.

A FASE CEARENSE
O SONHO DE SER PADRE

Helder Camara nasceu em Fortaleza, capital do Ceará, em 7 de fevereiro de 1909. Foi o décimo primeiro filho do crítico de teatro e contabilista João Eduardo Torres Camara Filho e da professora primária Adelaide Pessoa Camara. Das brincadeiras de infância, que talvez sejam as secretas raízes de suas paixões durante a vida: o sacerdócio, a cultura e a educação, lembrava-se: de celebrar missas em altares feitos com caixas de papelão, de jogar futebol, com o irmão Mardônio, no corredor da casa onde morava e das sessões de contação de histórias que ele fazia para algumas crianças que moravam perto de sua casa.

As primeiras instruções formais foram recebidas em casa, como ele mesmo escreveu na Circular n. 208/1974, "nascemos dentro de uma escola. Esta é a secreta raiz de uma enorme simpatia e de grande amor pelas professoras primárias, cujo trabalho dinheiro nenhum seria capaz de pagar". Durante os primeiros anos da república brasileira, como não havia prédios escolares suficientes, as professoras recebiam uma ajuda de custo que, somada ao salário, deveria cobrir os gastos do aluguel de uma casa

23

maior onde pudessem, ao mesmo tempo, residir e funcionar a escola – eram escolas públicas em casas privadas. Adelaide foi a primeira professora de seus filhos, e quanto a isso se mostrou exigente. Tanto que Helder recordava o dia em que não conseguiu terminar a leitura do quinto livro indicado por sua mãe. E, diante da insistência dela, ele não conseguiu atender ao seu pedido e começou a chorar. Ela o chamou e lhe entregou um santinho de São Geraldo, e no verso escreveu: "ao meu querido filho Helder, de quem estou exigindo um esforço acima de suas forças, afetuosamente...".

Das memórias de suas experiências religiosas, Helder associava as mais antigas à figura materna. A ela creditava uma fé que se aprendia e se transmitia em palavras e, sobretudo, em atos. Adelaide dedicava-se aos filhos e alunos, saia pouco de casa, geralmente, para as missas e festas religiosas. Da moral que ensinou aos seus filhos, uma lição marcou profundamente o futuro padre, que se perguntava:

"Quem ensinou à mãezinha a largueza de visão que ela tinha, a uma distância enorme do moralismo que em tudo descobria pecado?... Eu era ainda criança quando, um dia, ela me disse: 'Você encontrará quem pense que isto aqui (e apontava o rosto) foi feito por Deus; isto (e apontava os seios) não se sabe; mas isto (e apontava a região dos rins), certamente, foi criado pelo Diabo'". E concluía: "Não acredite, meu filho: da cabeça aos pés, fomos feitos por Deus.
Mais de uma vez me repetiu que não havia, no corpo humano, partes feias, indecentes, imorais. Pode haver um uso indecente do corpo humano...

Essa moral e esse respeito aplicados ao ser humano também foram ensinados ao menino por seu pai, que, não se considerando um católico praticante, rezava o terço e participava das manifestações marianas (no mês de maio) e do Coração de Jesus (no mês de junho). Segundo o filho escreveu em carta de 1974, "mas do que cristão de práticas, tinha espírito cristão". Talvez tenha sido esse catolicismo prático, mais do que teórico, que moveu o menino Helder a expressar, desde cedo, o desejo de ser padre. Repetida invariavelmente, a vontade do menino despertou a preocupação do pai, que o advertiu:

"Padre é um homem que não se pertence. Não tem direito de ser egoísta. Vive para os outros. Acredita que toca em Deus com as próprias mãos" [...]
Quando acabou, eu estava maravilhado e comentei: "É um padre assim que eu quero ser".

Para realizar seu desejo, agora também compartilhado por seus pais, Helder foi estudar na escola de Dona Salomé Cysne, local onde completou os estudos primários e aprendeu as bases do francês, posteriormente aprimorado com a ajuda do irmão, Gilberto, que o introduziu na literatura francesa.

Aos 14 anos, o jovem Helder entrou no Seminário Diocesano Fortaleza, mais conhecido como o Seminário da Prainha, uma referência ao bairro onde foi erguido. Apesar dos esforços familiares, tanto dos pais quanto dos irmãos e tios, fizeram falta ao seminarista as bases do latim e, por essa razão, ao entrar para o seminário, teve que cursar, novamente, a terceira série primária.

Esse fato não teve outras consequências, e em pouco tempo Helder já se mostrava adaptado à rotina do seminário.

Quanto aos estudos, dedicou-se, com especial atenção, à literatura brasileira, literatura portuguesa e francesa, em tal grau que recebeu os prêmios oferecidos aos melhores desempenhos escolares nestas disciplinas. Tornou-se conhecido por sua personalidade carismática e alegre. Sua desenvoltura para falar em público colocou-o, muitas vezes, na condição de porta-voz dos seminaristas.

O período do seminário foi fecundo, tanto para desenvolver o intelecto quanto para impulsionar o lado místico de sua formação eclesiástica. Remontam a este período os primeiros livros com anotações pessoais, e os primeiros registros como autor, ao escrever suas meditações. Exatamente a esses textos de cunho místico é que se devem os créditos do choque de perspectivas entre o seminarista e o padre reitor. Este insistia em proibir Helder de escrever os textos, sob o argumento de que a imaginação, origem intelectual dessas redações, oferecia perigo à sincera vocação.

A questão em torno desses pequenos textos resultou, por parte de Helder, na interrupção do hábito de escrevê-los, não pelo argumento de que a imaginação ponha em risco a vocação, senão pelo respeito inspirado pelo Padre Tobias Dequid, lazarista reitor do seminário à época. Foi também nesse período que Helder passou a interessar-se pela atuação de Dom Sebastião Leme da Silveira Cintra, em função de dois aspectos: primeiro por seu empenho em restituir à Igreja as perdas decorrentes de sua separação com o Estado, de acordo com a Constituição republicana de 1981. E, segundo, pela sua capacidade de comunicar-se com intelectuais do porte de Jackson de Figueiredo e Alceu Amoroso Lima.

Enquanto foi seminarista, Helder leu autores como Padre Leonel Franca, sj, principalmente seus artigos sobre correntes de pensamentos e sobre problemas político-sociais da época, além de artigos de Jackson de Figueiredo, cuja afinidade intelectual levou o jovem seminarista a considerar-se um jacksoniano, pois percebia nos textos desse autor uma preocupação com a ação política do catolicismo. Também foi nesse período que Helder iniciou sua amizade com Alceu Amoroso Lima, com quem trocou correspondências e indicações literárias. Anos mais tarde, ao escrever a 19ª Carta Circular do ano de 1974, mesmo período em que leu *Memórias improvidas de Alceu Amoroso Lima*, escrita pelo jornalista Medeiros Lima, comentou sobre o "encontro" com Doutor Alceu.

Quando ele se despediu da "belle époque" e escreveu o seu célebre "Adeus à disponibilidade" (p. 36 e 95/96 – Trecho do livro *Memórias improvisadas*), seminarista, escrevi uma carta de adolescente a ele, tristíssimo com a morte de Jackson, mas cheio de confiança no novo líder que surgia... O Alceu foi finíssimo. Deu confiança ao adolescente. Mandou-me uma carta do próprio punho. Mas como começava a viver sua curta experiência de direitista, lançou as bases para a minha futura adesão ao integralismo. Participei do mesmo equívoco, que ele descreve tão bem e com tanta lealdade!...

Ordenado em 1931, Padre Helder foi chamado para contribuir na formação dos seminaristas, sendo o encarregado de ajudar na escolha dos livros usados no período de formação dos candidatos ao sacerdócio. Nessa mesma época, escrevia, sob o pseudônimo de Alceu da Silveira – junção dos nomes de duas figuras muito caras ao Padre Helder: Alceu Amoroso Lima e Tasso Azevedo da Silveira –, artigos para periódicos locais criticando aspectos da educação laica implantada no Brasil. Os artigos, a princípio, não importunavam, até que começaram a dirigir críticas à professora Edith Braga, cunhada do vigário-geral de Fortaleza, Monsenhor Tabosa Braga. Entre réplicas e tréplicas públicas, chegou a ordem do monsenhor ao padre recém-ordenado: "você deve saber que o de ontem foi o último". A ordem soou injusta, mas, depois de refletir, Helder a aceitou.

Seus maiores êxitos, nesses anos iniciais de trabalho no seminário, foram as reformas implantadas na biblioteca. Desde seminarista inquietava a Helder o fato de que os alunos que optassem por estudar na biblioteca, deveriam fazê-lo no mais absoluto silêncio. Sem levar em consideração que, às vezes, os estudos em dupla e até em grupo poderiam resultar tão producentes quanto os individuais. Por essa razão, ele sugeriu ao padre reitor que organizasse espaços dentro da biblioteca destinados ao estudo individual e em silêncio e outros, aos alunos que preferiam estudar em equipe.

O incentivo ao estudo em grupo foi uma atividade de formação intelectual constante na vida de Dom Helder. Quando se mudou para o Rio de Janeiro, manteve o hábito desse tipo de estudo, com leigos e leigas católicos reunidos, ora no Palácio de São Joaquim, ora na casa de algum dos integrantes da equipe para discutir política, cultura, religião. Ao assumir a Arquidiocese de Olinda e Recife, reunia-se no Palácio Episcopal com intelectuais, teólogos, artistas, para trocar opiniões e discutir possíveis soluções.

O processo de amadurecimento intelectual perpassou pelo amadurecimento de ideias, convicções, projetos em que se consolidavam ideais, amizades, trabalhos e conceitos. A juventude do Padre Helder lhe proporcionou esses elementos, e ele percorreu caminhos que, mais tarde, com a experiência dos anos, censurou, como a passagem pelo integralismo.

Durante a década de 1930, Dom Manuel da Silva Gomes, arcebispo de Fortaleza, organizou, junto com Padre Helder, a versão cearense da Liga Eleitoral Católica – LEC. Movimento que, em âmbito nacional, estava sob a direção do cardeal arcebispo do Rio de Janeiro, Dom Sebastião Leme, com o intuito de denunciar os candidatos inaceitáveis para a Igreja. A Liga tinha como objetivo fazer frente ao crescente avanço político do Partido Comunista Brasileiro – PCB. No caso cearense, ao contrário, ocupou-se de selecionar, supervisionar e indicar ao eleitorado católico os candidatos mais aptos e indicados a receberem os votos cristãos-católicos. A vitória nas eleições de 1933 e 1934 rendeu ao Padre Helder a diretoria de instrução pública do Estado. Como ele mesmo recordou na Circular n. 393, de 1976:

> Como os tempos mudam! Dom Manuel da Silva Gomes, meu arcebispo, homem apostólico, achou que a orientação da LEC prevista pelo Cardeal Leme, ao menos no Ceará, não iria funcionar. O problema era organizar chapa própria e enviar a todo o Estado um cabo eleitoral, capaz de mobilizar os católicos em torno dos candidatos escolhidos pela Igreja... E lá se foi o jovem Padre Hel-

der, de cidade a cidade, de vila a vila... A chapa foi vitoriosa, de ponta a ponta [...] E o pobre arcebispo amargou, depois, com os candidatos dele...

O trabalho burocrático não o aprazia, mas foi executado de maneira exitosa. O cargo lhe rendeu muito prestígio no Estado, o tornou ainda mais conhecido e procurado. Esses anos vividos no Ceará sugerem pistas iniciais para conhecermos melhor o intelectual Helder Camara. A meteórica carreira na educação que o fez secretário de educação aos 26 anos, indica um profissional dedicado e focado nas causas em que se envolvia. Com muitos artigos publicados e uma vasta lista de trabalhos bem-sucedidos desenvolvidos à frente da educação cearense, Padre Helder envolveu-se em mais um escândalo público, dessa vez com o Governador Menezes Pimentel, por suas ingerências administrativas. O pleito terminou com o afastamento de Helder do governo e a aceitação, por parte de seu arcebispo, Dom Manuel, de sua transferência para a Arquidiocese do Rio de Janeiro. Sobre sua saída, escreveu na Circular n. 393, de 1976:

> Como me custou aceitar a nomeação para diretor do Departamento de Educação, maneira descoberta pelo Governador Menezes Pimentel de manifestar-me gratidão!... E meu arcebispo exigiu que eu aceitasse o posto (estava em fase de minha vida em que me julgava na obrigação de obediência cega a meu bispo) [...] A este tempo, como vocês sabem, eu era integralista ... Acertamos, pedra e cal, que, nos domínios da educação, não haveria interferência de nenhum partido político. Tudo começou bem. Em poucos meses, começaram as tentativas de interferência partidária ... Assim que

assumi o Departamento de Educação, entrei em contato epistolar com o Professor Lourenço Filho ... Com a idade que eu tinha, então (25 anos!), ele reformara a instrução no Ceará. Em certo momento, avisei ao Lourenço que, provavelmente, quando minha carta chegasse às mãos dele, eu já me teria demitido, dada a persistência em meter partidarismo nos campos da educação, Lourenço me telegrafa pedindo que, se eu me demitisse, estudasse a possibilidade e conveniência de aceitar o convite para ser assistente técnico da Secretária de Educação, do Distrito Federal (naqueles tempos, o querido Rio de Janeiro). O secretário de Educação era o futuro Ministro da Justiça Francisco Campos. Lourenço Filho era o diretor do Instituto de Educação. O telegrama de Lourenço coincidiu, em absoluto, com o meu pedido de demissão. Quando fui provar a Dom Manuel que era impossível continuar no posto oficial, o pobre arcebispo ficou alarmado! Minha demissão seria interpretada como rompimento entre o Governo e a arquidiocese... Quando mostrei à Sua Exa. o telegrama-convite, ele achou que era simplesmente providencial o chamado para o Rio ... E foi assim que desembarquei, pelo Afonso Pena, no Caes Pharoux (!) no dia 16 de janeiro de 1936 [...].

O INTELECTUAL VAI À CAPITAL FEDERAL
A VIDA DE PADRE HELDER ENTRE OS ANOS DE 1936 E 1964

A vida na capital do Brasil tinha outro ritmo e proporcionou ao padre conhecer e conviver com pessoas que o transformaram profundamente como religioso e, sobretudo, como intelectual católico.

Do ponto de vista profissional, Padre Helder dedicou-se nos primeiros meses desde sua chegada, em 1936, a assessorar o educador Lourenço Filho, no Instituto de Educação do Distrito Federal. Depois prestou concurso para o Instituto de Pesquisas Educacionais do Distrito Federal, passou e assumiu a chefia da Sessão de Medidas e Programas. Cargo com função técnica, mas que, do ponto de vista político, era considerado um posto-chave, pois permitia que pessoas se aproximassem dele para pedir-lhe emprego público.

Em 1939, tomou posse do cargo de chefe da Sessão de Inquéritos e Pesquisas do Instituto Nacional de Estudos Pedagógicos. Durante a primeira década, enquanto esteve morando no Rio de Janeiro, o Ministério da Saúde e da Educação podia ser considerado sua segunda casa, pois desenvolveu atividades em vários setores. Seus biógrafos sugerem que, além de trabalhos técnicos, Padre Helder terminou convertendo-se em "uma espécie de diretor espiritual daquela repartição". A saída dos meandros burocráticos exigiu esforços, pois Dom Jaime de Barros Câmara não esperava perder o posto privilegiado que Helder ocupava. Graças a sua colocação, ele podia informar ao cardeal, em primeira mão, as notícias oficiais relacionadas à educação. Elas eram úteis na medida em que ajudavam Dom Jaime a defender os interesses educacionais católicos. A respeito dessa experiência, escreveu na Circular n. 347, de 1972:

> Anos depois, pleiteei de Dom Leme abandonar o Ministério de Educação (pois o trabalho técnico que eu fazia, leigos poderiam fazer melhor do que eu, e havia pilhas de trabalhos especificamente sacerdotais, esperando por mim). Dom Leme não aceitou. Por intransigência dos nossos, antes de minha chegada ao Rio, Anísio Teixeira tinha sido afastado da Secretaria de Educação (ao ser afastado o Pedro Ernesto, prefeito do Distrito Federal, e ao surgir o Cônego Olímpio de Melo). Foi um esmagamento brutal e injusto. Graças a Deus, encontramo-nos no Conselho Nacional de Educação, onde também atuava Lourenço Filho e onde substituí o Padre Franca. E Lourenço, Anísio e eu ficamos íntimos amigos, juntamente com o querido Alceu, que jamais participou de intransigências e de extremismos.

Como intelectual, nesse período, Padre Helder escrevia artigos para as revistas *A Ordem, Formação, Revista Brasileira de Pedagogia* e *Revista Eclesiástica Brasileira*. Em 1941, foi convidado pelo Cardeal Leme para lecionar nas recém-fundadas Faculdades Católicas, localizadas no Rio de Janeiro, que foram criadas, em 1940, graças aos esforços do Cardeal Leme e do Padre Leonel Franca, sj. Em 1947, o Papa Pio XII concedeu à instituição o título de pontifícia, desse modo, passou a ser conhecida com Pontifícia Universidade Católica do Rio de Janeiro (PUC-RIO). Reticente em aceitar o convite, Padre Helder foi finalmente convencido a fazê-lo e, no ano seguinte, assumiu as disciplinas de Didática geral e Administração escolar. Também ministrou cursos de Psicologia para professoras religiosas da Faculdade de Letras das Irmãs Ursulinas, e a razão para o convite deveu-se ao cuidadoso estudo que havia feito sobre a "psicologia da idade juvenil", chegando, inclusive, a publicar dois artigos sobre a temática: "Problemas sobre a adolescência" e "Investigação sobre o vocabulário infantil". Sua carreira como professor o levou até a Faculdade de Filosofia do Instituto Santa Úrsula, onde conheceu sua maior parceira intelectual, a aluna Virgínia Côrtes de Lacerda. A respeito das universidades católicas, Dom Helder escreveu:

> Eu sempre sonhei com uma universidade católica no Brasil, porém uma universidade em que eu fosse o aluno! Eu entendia muito bem o que o cardeal me dissera sobre aproveitar ao máximo os professores estrangeiros que ele trazia para colocar em movimento a universidade; que devo primeiro me preparar seriamente para poder passar uma opinião a ponto de me confiarem uma cátedra. Mas não é possível que de repente eu seja professor! ... O Cardeal Leme, não obstante, era implacável: "Todas as universidades tiveram que começar um dia. E eu lhe digo: tu és doutor!". Assim, tive que aceitar e ensinar. [...] Porém, antes, vieram as Irmãs Ursulinas, que tinham criado uma faculdade de Letras, e o primeiro trabalho

que o cardeal Leme me confiou, junto com a direção técnica da instituição religiosa, foi o de dar cursos de psicologia às professoras religiosas. De forma que eu dava cursos. Meu trabalho consistia em ajudar as religiosas a entender melhor aos seus alunos, a vida, o mundo. Daquilo eu gostava muito! Era de verdade um trabalho educativo e um trabalho sacerdotal!

A "penitência" profissional teve fim quando o Cardeal Câmara o convidou para assessorá-lo na arquidiocese. Nessa fase trabalhou no aprimoramento do serviço catequético, em retiros espirituais e na preparação das missas. Suas palavras encontraram receptividade entre os jovens, seus sermões cuidadosamente redigidos impressionavam pela capacidade de congregar valores. Teria dito "que gostaria de 'saber falar os mil dialetos modernos, ... falando imortal, eterna, o verbo divino'. E deve ter conseguido realizar esse objetivo, pois em pouco tempo tornou-se uma das pessoas mais requisitadas para conferências".

No Rio de Janeiro Padre Helder morou até 1942, ano em que sua família mudou-se para o Rio, na casa de Cecy Cruz, uma pensão que, habitualmente, recebia estudantes cearenses, aí conheceu Nair Cruz, "seu anjo da guarda". Ela lhe fazia companhia e apresentou-lhe os encantos da Cidade Maravilhosa: o carnaval, o samba e o futebol. Nair era simpática e bem relacionada. Frequentava grupos de intelectuais que discutiam sobre teatro, cinema, literatura, religião e política, com Fernando Carneiro, Barreto Filho, Sobral Pinto, Jorge Amado. Embora já conhecesse alguns desses nomes, Padre Helder acercou-se mais a eles graças aos empenhos de Nair. Outros nomes que fizeram parte de seu círculo de amizade foram: Aglaia Peixoto, Alfredina Paiva e Souza, Carlina Gomes, Cecília Arraes, Cecília Goulart Monteiro, Hilda e Odete Azevedo Soares, Ir. Eni, Jardeline Barros, Lenita Duarte, Maria Amélia Medeiros, Maria Luiza Monat Jardim e seu esposo, o engenheiro Edgar Amarante, Marina Araújo, Marina Bandeira, Rosa Guerreiro, Dom Timóteo Anastácio, osb, Wilma Peixoto, o doutor Alceu Amoroso Lima e Virgínia Côrtes de Lacerda. De todos esses nomes, os dois últimos foram os que deixaram impressões mais fortes na formação intelectual do Padre Helder.

Doutor Alceu não foi apenas um amigo, mas um companheiro de autorias. Juntos compartilharam créditos em periódicos e em trabalhos ligados à Igreja. Enquanto intelectual, seus conselhos e suas parcerias duraram até a década de 1960. Já Virgínia inaugurou uma nova fase na vida desse intelectual, e essa mudança deveu-se a um conjunto de fatores dos quais destacamos três: primeiro, antes de Virgínia, ele era um leitor solitário, as marcações, tão características de suas leituras, já eram um hábito trazido desde os tempos do seminário, mas faltava o diálogo com outro leitor que o fizesse reagir diante da leitura, que questionasse suas colocações, suas interpretações. Segundo, embora sempre demonstrasse interesse literário por temas diversos, a maior parte de seus livros, pelo menos os que possuíam algum tipo de anotação, era dedicada à temática da psicologia, da educação, da fé cristã católica e da literatura. Faltava-lhe ainda a audácia ou o impulso para ler sobre outros assuntos. O terceiro aspecto talvez se deva ao fato de que, embora fosse um leitor muito atento, faltava ao padre uma experiência de vida fora da educação, dos enredos da burocracia educacional. Essa experiência por outras áreas só apareceu com mais clareza anos depois, e se viu plenamente consolidada quando ele já era arcebispo de Olinda e Recife, nas décadas de 1970 e 1980. Juntos, Virgínia e Helder estudavam diariamente, além de terem trocado intensa correspondência entre os anos de 1944 e 1952, sob o pseudônimo de Caecilia e Padre Albertus ou Frei Jacoba e Frei Francisco, respectivamente. Anos mais tarde reconheceu a respeito da personalidade de Virgínia que:

> No primeiro grupo de estudantes (na faculdade de Letras de Ursulinas) eu a conheci lá, tinha uma moça jovem. Não, ela não era tão jovem. Eu acho que ela era mais velha que eu. Ela se chamava Virgínia Côrtes de Lacerda. Eu na mesma hora senti que estava na presença de uma inteligência privilegiada, eu diria até rara. Ela lia os clássicos gregos diretamente do texto original. Eurípides, Sófocles [...] Logo, ela fora para mim muito mais que uma aluna. Nós trabalhávamos, estudávamos juntos. No começo, ela se tendia um pouco a desviar da prática religiosa, mas rapidamente, com a sinceridade de um coração generoso, ela retornou à casa do Pai.

Junto com Virgínia, Padre Helder formou as bases do grupo de trabalho na Arquidiocese do Rio de Janeiro, a Família Mecejanense. Eram leigos e leigas católicos que se ocupavam, na maior parte do tempo, em viabilizar os projetos do ambicioso Padre Helder. Assim, organizaram o Ano Santo de 1950, tornaram possíveis, com a ajuda da Ação Católica Brasileira, a criação da Conferência Nacional dos Bispos do Brasil (1952). Organizaram XXXVI Congresso Eucarístico Internacional (1955), no mesmo ano em que o padrezinho, junto com Dom Manoel Larraín, bispo de Talca (Chile), articulou a criação do Conselho Episcopal Latino-Americano.

Em 1962, providenciou a ida do episcopado brasileiro ao Concílio Ecumênico Vaticano II. Fazendo uma memória sobre esse intenso período, escreveu na Circular n. 96, de 1973:

O Cardeal Dom Jaime Câmara pediu ao Santo Padre a graça do Congresso Eucarístico Internacional para o Rio de Janeiro. Foi atendido. Um dia, na primeiríssima reunião em que se falou sobre o Congresso (Dom Jaime, Dom Rosalvo, o Eu [forma como Dom Helder referia-se a Dom José Vicente Távora] e eu), enquanto fui ao telefone atender a um chamado urgente, fui aclamado secretário-geral do Congresso Eucarístico Internacional. Lembro-me de que a primeira condição que estabeleci foi poder instalar, no próprio Palácio São Joaquim, o secretariado do Congresso. Era uma revolução para os hábitos da Casa. Mas a ideia venceu. Passamos, então, a pensar nas várias comissões indispensáveis ao Congresso, e em pessoas-chave para cada uma delas... Não vou descer a pormenores, que ainda estão vivos e quentes na saudade de todos nós. Houve tanto trabalho, tanta gente de primeira, tanta dedicação, que me foi fácil, meses antes do Congresso, quando chegou o apelo do Santo Padre para que aproveitássemos o C. E. I. para a 1ª Assembleia Geral da Hierarquia Latino-americana, dar um sim amplo e generoso à Roma. E passei a dedicar-me especialmente à assembleia, o que nos insere (a mim e à equipe admirável que trabalhava comigo) na origem do CELAM. O passado vale na medida em que ilumina o presente e encoraja para o futuro.

Essas "pessoas-chave" às quais se referiu Padre Helder na circular acima, formaram, posteriormente, o grupo operacional mais do que intelectual, pelo menos nos primeiros anos, como colaboradores, a chamada "Família", que mantinha reuniões frequentes, tanto no Palácio de São Joaquim quanto na casa dessas senhoras católicas. Porém, com nenhuma delas Padre Helder desenvolveu a relação intelectual que teve com Virgínia.

Geralmente, essas jovens ajudavam nos serviços burocráticos, no transporte – Padre Helder não tinha carro, ia de um lado a outro de carona, por exemplo. Dessa forma, quando o assunto era cinema ou transporte, Hilda Azevedo sempre lhe passava as resenhas dos filmes, além de ser sua motorista oficial. A Marina Bandeira cabia o trato com a imprensa escrita e falada. Nada era publicado em nome do agora arcebispo auxiliar do Rio de Janeiro – Monsenhor Helder foi nomeado arcebispo auxiliar em 1955 –, sem passar pela cuidadosa revisão da senhorita Bandeira. A senhora Aglaia Peixoto era a secretária que, de tão eficiente nos trabalhos para o Ano Santo, converteu-se em secretária oficiosa dos Bispos do Brasil durante o Concílio Vaticano II. Marina Araújo, que segue até os dias de hoje, ficou a cargo do Banco da Providência, cuja principal característica foi e continua sendo a mobilização e a organização comunitária, trabalho em prol da ação social, no Rio de Janeiro. Maria Luisa Amarante foi, junto com Dom Clemente Isnard, osb, quem organizou a maioria das traduções dos compêndios de liturgia trazidos depois da reforma do Concílio Vaticano II. A organização da agenda de atividades do padrezinho ficava à cargo da secretária Cecília Monteiro.

A respeito da atuação de Dom Helder Camara durante os primeiros períodos do Concílio Ecumênico Vaticano II, destacam-se: a organização de conferências na *Domus Mariae*, esse prédio, de propriedade da Ação Católica Feminina italiana, está localizado na Via Aurelia, n. 481, próximo ao Colégio Pio Brasileiro, em Roma. Durante o Concílio Vaticano II, era dirigida pelo Instituto Secular. A casa foi cedida ao episcopado brasileiro e também a religiosos indonésios, húngaros, africanos e italianos, durante os períodos conciliares.

As conferências preparavam os padres e bispos para as discussões das aulas conciliares. Elas eram organizadas de modo tão sistemático e amplo e com figuras tão prestigiosas que outros bispos que ali não residiam durante o Concílio pediam para participar. Além de seu trabalho como articulador nos bastidores das assembleias conciliares, sem fazer nenhum pronunciamento durante as aulas, Dom Helder conseguiu que suas ideias e projetos fossem discutidos pelos padres conciliares. As primeiras sessões também surpreenderam pelas conexões intelectuais que Dom Helder estabeleceu; encontrou-se, pessoal ou literariamente, com nomes como: Padre Yves Congar, Jacques Meert, Hans Küng, C. Vagaggini, Henri de Lubac, sj, para citar alguns.

A fase carioca terminou em 14 de março de 1964, quando, durante as reuniões das comissões conciliares em Roma, Dom Helder escutou a Rádio Vaticano anunciar sua transferência para a Arquidiocese de Olinda e Recife.

A TRANSFERÊNCIA PARA A ARQUIDIOCESE DE OLINDA E RECIFE

"A Providência me trouxe pela mão para Olinda e Recife..." Assim se referia Dom Helder sobre sua inesperada nomeação para Olinda e Recife. Originalmente havia sido designado para São Luís, capital do Maranhão, no entanto, o arcebispo de Olinda e Recife, Dom Carlos Gouveia Coelho, faleceu de choque anafilático.

Ao desembarcar, foi recebido pelas autoridades civis e militares instituídas pelo novo regime de Governo, o comandante do IV Exército, general Justino Alves Bastos, o almirante Dias Fernandes e o brigadeiro Homero Souto, o governador Paulo Guerra e o prefeito de Recife, Augusto Lucena. Também o povo aglomerou-se nas ruas para ver passar o novo arcebispo. Talvez a figura carismática de Dom Helder representasse, no imaginário popular, um sinal de esperança e alento, alguém que, estando no poder, se identificava com os mais destituídos dele. E assim foi, e, logo no discurso de posse, suas palavras encontraram mais do que ouvidos atentos, encontraram corações abertos.

Identificando-se com sua nova arquidiocese, apresentou-se como:

Nordestino falando a nordestinos, com os olhos postos no Brasil, na América Latina e no mundo. Uma criatura humana que se considera irmão de fraqueza e de pecado dos homens de todas as raças e de todos os cantos do mundo. Um cristão se dirigindo a cristãos, mas de coração aberto, ecumenicamente, para os homens de todos os credos e de todas as ideologias. Um bispo de Igreja Católica que, à imitação de Cristo, não vem ser servido, mas servir.

Longe de pretender ofender ou mesmo afastar qualquer homem ou mulher do seu convívio, de modo respeitoso convoca a todos:

Católicos ou não católicos, crentes ou descrentes, escutem todos minha saudação fraterna: Louvado seja Nosso Senhor Jesus Cristo. [...] Ninguém se escandalize quando me vir frequentando criaturas tidas como indignas e pecadoras. Quem não é pecador? [...] Ninguém se espante me vendo com criaturas tidas como envolventes e perigosas, da esquerda ou da direita, da situação ou da oposição, antirreformistas ou reformistas, antirrevolucionárias ou revolucionárias, tidas como de boa ou de má-fé. Ninguém pretenda prender-me a um grupo, ligar-me a um partido, tendo como amigos os seus amigos e querendo que eu adote as suas inimizades. Minha porta e meu coração estarão abertos a todos, absolutamente a todos.

Um bispo de todos! Esse foi Dom Helder durante os anos em que esteve em Recife. Os primeiros quatro anos foram de acomodação – quando decidiu mudar-se do Palácio Episcopal para a casa nos fundos da Igreja das Fronteiras, de formação de grupos de trabalho, o ramo de Recife da Família Mecejanense – e, também, dedicadas às últimas sessões do Concílio Vaticano II, em 1964 e 1965. Depois vieram as reformas maiores e, com elas, os maiores enfrentamentos com o Governo instituído: a Operação Esperança, para ajudar os desabrigados das enchentes, a formação da Comissão Arquidiocesana de Ação Justiça e Paz, que se ocupava da luta por manter a salvo os direitos humanos, as viagens para dizer lá fora o que não se podia dizer aqui dentro do país e, por fim, a aposentadoria.

As duas últimas visitas a Roma para as últimas sessões do Concílio Vaticano II revelaram um Dom Helder preocupado e focado no pós-concílio. O *aggiornamento* (originário da língua italiana. Sem equivalente na língua portuguesa, pode ser compreendido como "colocar-se em dia", "atualizar-se.") prometido à Igreja precisava ganhar força e forma. Reforçou-se lendo e conversando com figuras como: Jacques Maritain, Jean Guitton, Padre Jean Toulat, Cardeal Suenens, Auguste Etcheverry, sj, Martin Luther King; Pastor André de Robert, por exemplo. Com o Grupo da Pobreza preocupado em dar à Igreja uma postura mais próxima da máxima pobre e servidora, Dom Helder mantém e intensifica as conferências na *Domus Mariae*. Sua participação no concílio foi decisiva para a condução da postura do episcopado brasileiro, mesmo tratando-se de uma massa heterogênea, que ora alinhava-se ao grupo dos chamados conservadores, ora aos progressistas.

Credita-se a Dom Helder uma postura progressista enquanto esteve à frente da arquidiocese, por sua opção preferencial pelos pobres, valorização dos movimentos pastorais, decisões colegiadas e, sobretudo, sua defesa dos direitos humanos por meio da não violência. No entanto, negar-lhe traços do conservadorismo, equivaleria a negar sua formação tridentina. Por isso, nesta pesquisa serão apresentados os fatos e a postura que Dom Helder assumiu diante deles, sem lhe colocar rótulo de uma ou de outra característica, para afastar do leitor essa ideia prefixada a respeito de uma postura rígida. Dom Helder foi ora progressista, ora conservador, adotou esta ou aquela postura na medida em que elas se enquadravam em sua forma de ser Igreja e, sobretudo, de agir em nome dela. A esse respeito escreveu na Circular n. 263, de 1967:

> Meus amigos: é exposição doutrinária lembrar que a mensagem cristã não é apenas para ser conhecida e admirada, mas para ser vivida. Por que os bispos da América Latina, com seus padres e seus leigos, não se levantam, de ponta a ponta do continente, tentando levar à prática as Conclusões de Mar del Plata? Alguns leigos isolados, alguns padres entusiastas, alguns bispos tidos como progressistas seriam facilmente vulneráveis: seria fácil denunciá-los como subversivos e comunistas.

Retomando os aspectos de sua atuação, Dom Helder buscou conciliar a atribulada agenda de arcebispo, entre a burocracia necessária ao bom funcionamento da máquina eclesiástica e o trabalho pastoral. Para conseguir com êxito essa façanha, contou com o trabalho discreto e silencioso do bispo auxiliar Dom José Lamartine: ele mais dedicado ao trabalho burocrático, Dom Helder mais afeito aos pastorais.

Do Rio de Janeiro, a Família Mecejanense esteve presente da forma como pode. Algumas vezes vinha passar dias em Recife para ajudá-lo, outras vezes apenas lhe podia escrever. Depois, com o enrijecimento do Governo militar, as vindas e mesmo as cartas ficaram cada mais escassas. Hoje, as correspondências enviadas em respostas às circulares permanecem um mistério. Sabe-se que elas chegaram até o arcebispo, mas não se sabe o que ele fez com elas.

Diante desse afastamento geográfico, era preciso formar um novo grupo de colaboradores, de intelectuais. Para aproximar-se deles, Dom Helder passou a promover no Palácio de José de Manguinhos, até 1968 sua residência oficial, as noitadas. Reuniam-se Francisco Brennand (ceramista), Ariano Suassuna (escritor), Daniel Lima (poeta) e Jaime Diniz (músico). Sobre elas anotou:

> Nascidas do desejo humilde de estudar e promover, pelo exemplo, estudo entre os bispos e entre os padres; criadas para dar testemunho da luz e promover a verdade na caridade... Que Nossa Senhora se lembre sempre de que não foi por acaso que as noitadas nasceram em maio...

As noitadas serviram não só para mantê-lo informado quanto à filosofia, sociologia, literatura, artes, mas, sobretudo, para, em tempos difíceis de acesso à informação, trocar experiências, buscar saídas e, muitas vezes, encontrar soluções para situações mais delicadas. Em vista desse caráter, surgiram críticas às noitadas. Consideravam uma agressão ver o bispo receber a todos em sua casa e mais, sentar-se com eles para ouvir sobre música, poesia, teatro. Dom Helder, por outro lado, escrevia à Família Mecejanense cada vez mais encantado com a prática: "Como agradeci a Deus o que os meus olhos viam! A Casa do Pai aberta à inteligência, imagem viva do Senhor!".

Seguindo a linha da promoção intelectual, Dom Helder empreendeu sua primeira grande reforma na arquidiocese, a construção do Seminário Regional do Nordeste II – SERENE II. A ideia surgiu depois do Concílio Vaticano II e pretendia formar novos sacerdotes segundo o modelo de Igreja recém-adotado. A construção do prédio envolveu recursos de outros países e uma intensa troca de correspondências e estudos, para indicar a melhor forma de conduzir um centro de formação dessas proporções, uma vez que ele receberia seminaristas de várias áreas do Nordeste.

Não bastava formar os padres em seminários, longe da realidade. Para colocá-los em contato com o povo, Dom Helder apresentou a ideia do Instituto de Teologia do Recife – ITER, que formaria tanto padres quanto leigos. O projeto previa aulas com teólogos e a prática, a vivência da experiência evangélica. Os seminaristas iam viver dentro das comunidades e os leigos iam fazer o trabalho pastoral junto com eles.

Outra iniciativa educativa e evangelizadora foi o Encontro de Irmãos, cujo slogan "Irmãos evangelizando irmãos" pretendia uma evangelização leigo a leigo, mas conduzida segundo os caminhos da Igreja. No entanto, sem a necessidade latente de um padre a conduzir os estudos. Pretendia leigos mais independentes e capazes de questionar, aprimorar e colaborar para um fazer Igreja mais condizente com a realidade de cada grupo social.

Pacientemente, Dom Helder explicou qual era sua preocupação dominante, no âmbito da evangelização, em 1969:

Toda segunda-feira, às 20h, o arcebispo, por uma emissora de rádio da Arquidiocese, anuncia a Palavra de Deus, através de um programa que se chama "Encontro de Irmãos". Multiplicam-se, na arquidiocese inteira, os chamados monitores de evangelização. O monitor ou monitora é uma criatura cheia de fé (homem ou senhora, rapaz ou moça) que se encarrega de reunir, na própria casa ou em um lugar qualquer, um grupo, que oscila entre 5 ou 15 pessoas, para ouvir a palavra do arcebispo. Uma equipe arquidiocesana de evangelização distribui, com antecedência, a todos os monitores, um boletim mensal, com o mesmo nome do programa de Dom Helder e contendo: o essencial do que o arcebispo vai dizer, durante o mês, cada segunda-feira (canto de abertura e encerramento, indicação do trecho da Sagrada Escritura a ser lido, resumo de cada palestra, sugestões de perguntas, a serem debatidas pelo grupo). De que adiantaria querer a mudança das estruturas econômico-sociais e político-culturais, sem uma tentativa sincera de mudança das estruturas da Igreja, entendida a expressão não como esquecimento de que a Igreja é divina e tem toda uma estruturação criada pelo próprio Cristo, mas como mudança do que há de superado na parte humana da Igreja, confiada, pelo fundador, a mãos frágeis e pecadoras...

Por fim, destacava-se sua luta em defesa dos direitos humanos, o que ele fez por meio de atitudes concretas, envolvendo-se com presos políticos, pessoas consideradas perigosas pelo regime militar brasileiro. Com o enrijecimento do Governo militar, sobretudo a partir da promulgação do Ato Institucional n. 5 (de-

49

zembro de 1968), as atividades de Dom Helder ficaram ainda mais restritas. Em poucos meses, os meios de comunicação do Brasil passaram a não mais publicar textos de autoria do arcebispo, assim como a televisão deixou de convidá-lo para participar de sua programação. A imprensa limitou-se a publicar apenas as matérias que corroboravam com a imagem de bispo comunista e subversivo.

Um fato em especial marcou profundamente a atitude de Dom Helder em face dessa campanha difamatória, a morte de Padre Antonio Henrique Pereira Neto. A proximidade do arcebispo com o padre recém-ordenado fez parecer a Dom Helder que a morte dele era uma forma de atingi-lo. "Deverei publicar uma nota sobre o processo do Padre Henrique. Publicar [...] no estrangeiro. Aqui, somente através de boletim arquidiocesano, a notícia será divulgada."

Essa consciência de que as portas da imprensa brasileira estavam fechadas para suas palavras, leva-o a aceitar os inúmeros pedidos para proferir conferências e enviar discursos a diversos países europeus e americanos. Os incontáveis convites eram organizados, respondidos e atendidos de maneira que ele só precisasse sair do país três ou quatro vezes por ano, evitando assim os pedidos de liberação do passaporte do religioso à Polícia Federal. Essa saída obteve êxito até 1970, quando Dom Helder pronunciou em Paris, no Palácio dos Esportes, o discurso "Qualquer que sejam as consequências". Originalmente convidado para falar sobre a revolução francesa e a atualização de seu lema: "liberdade, igualdade e fraternidade", Dom Helder enviou à comissão organizadora do evento uma cópia de seu discurso. Ela foi rechaçada, sob a prerrogativa de que, se ele não fosse capaz de falar sobre esse lema em sua realidade (no Brasil), de nada valeriam suas palavras. Ele aceitou o pedido de mudança e começou assim seu novo discurso:

Se não tivesse a coragem, esta noite, de falar franca e abertamente sobre o que se passa no Brasil, tenho a profunda impressão de que perderia toda a audiência em Paris; como ter, com efeito, a força moral de dizer a verdade sobre os outros países, se tenho medo de dizer a verdade sobre meu próprio país? E como esperar o desenvolvimento em escala mundial de um "Movimento de violência dos pacíficos", se por meu silêncio desse a demonstração evidente da ineficácia da não violência? Então falarei! Evidentemente tentarei falar – como tento sempre fazê-lo enquanto pastor de meu povo. Isso não me impedirá de dizer com força e gravidade, toda a verdade. Mas vós sentireis que não há ódio em meu coração e que não existe nenhuma intenção político-partidária em minha tomada de posição. As torturas existem.

Esse discurso é um marco na história de Dom Helder, pela coragem em assumir publicamente a postura violenta do Governo brasileiro. A partir desse evento, a Europa "adotou" um movimento em favor do arcebispo e uma intensa campanha o fez ser indicado, por quatro anos consecutivos, ao Prêmio Nobel da Paz. E lhe rendeu mais de trinta prêmios em reconhecimento pelos seus esforços em favor do movimento de violência dos pacíficos, conforme ele explica na Circular n. 167, de 1970:

Ano em que tive a ventura de viver a 8ª Bem-aventurança, sofrendo desprestígio total por parte das autoridades e dos privilegiados;

ameaças; humilhação de permanecer livre, enquanto amigos fraternos eram presos, humilhados e moralmente torturados (presenciando torturas físicas incríveis); proibição de acesso aos jornais, às revistas, ao rádio e à TV de meu país. Apontado à execração nacional como inimigo do Brasil. Em nossa Casa, pintada a bandeira brasileira, com o aviso: Brasil, ame-o ou deixe-o! Ano de admirável sustentação mundial. Cartas e até dinheiro chegando do mundo todo. Presença admirável da juventude. Depoimentos impressionantes, revelando responsabilidade crescente. Com a graça divina, tranquilidade interior perfeita: nada de entontecimento ante a louvação vinda de todas as raças, de todos os credos, de todas as línguas. Campanha espontânea e gratuita pelo prêmio Nobel da Paz. Três prêmios internacionais da Paz: Espanha (João XXIII), Viareggio, Atlanta. Favoritíssimo para o Nobel. Perda me deixando feliz: em nome da Senhora Pobreza e da Irmã Humildade. Felicíssimo com a total e absoluta aceitação da vontade divina. Paz e alegria! (Camara, fl. 01-02. Manuscrito inédito).

O governo pastoral de Dom Helder à frente da Arquidiocese de Olinda e Recife coincidiu com o período da ditadura militar brasileira. A Igreja e o Brasil, em 1985, pareciam aspirar a uma renovação, no caso da primeira já discutida desde o fim do Concílio Vaticano II e, no caso da República, a tão sonhada democracia que parecia ter feito as pazes com o poder. Na contramão desses sopros renovadores, ficou a Igreja de Olinda e Recife, quando João Paulo II nomeou, para substituir Dom Helder, um burocrata, de tendência conservadora, recém-chegado de Roma, o frei carmelita José Cardoso Sobrinho. Dom Helder optou por continuar morando no anexo da Igreja das Fronteiras, até o dia em que faleceu.

Um homem de formação integral, aqui já intelectual plenamente orgânico, tal como descreveu Gramsci. A atuação de Dom Helder tanto no Rio de Janeiro quanto em Olinda e Recife indicou essa característica. Impulsionado por situações históricas ímpares: o Concílio Vaticano II, no âmbito da Igreja, que permitiu uma renovação não só em termos de liturgia, mas também em termos de formação e atuação do episcopado diante de sua realidade sociocultural. E, no âmbito da história política do Brasil, o governo de regime ditatorial militar. Esses dois fatores ampliaram o alcance das atividades e da produção intelectual de Dom Helder. Suas leituras foram o alicerce sobre os quais as ações político-pastorais encontraram a via prática da realidade.

PARTE 2
UM HOMEM, SUAS BIBLIOTECAS
A CONTRIBUIÇÃO DOS LIVROS PARA A FORMAÇÃO DOS "DONS"

> Em tua biblioteca quantos livros dormem, sonolentos, sem perder a esperança de um dia sobrar-te algum tempo para, ao menos, abrires alguns deles, embora sem o menor esforço de apreender as mensagens que, em geral, os livros trazem...
> (Tóquio, 14.4.1987. Meditação do Padre José. Manuscrito inédito).

Para além da dimensão puramente religiosa, Helder Camara foi um intelectual. Os livros anotados por ele e guardados em suas bibliotecas pessoais são um indício dessa constatação. Acreditamos que ele tenha formado três bibliotecas, ao longo da vida, uma reunindo os que foram lidos, anotados e cuja data de aquisição corresponde aos anos em que viveu em sua cidade natal, Fortaleza. Poucos exemplares dessa época foram recuperados, e os que o foram estavam misturados ao conjunto da segunda biblioteca pessoal, a carioca. De acordo com o manuscrito "Declarações testamentárias", escrito em 1943, "Meus livros já os doei em vida ao Padre Álvaro Negro Monte, mesmo porque sempre os tive como livros que me tivessem sido emprestados. Mais de uma vez pensei em não marcá-los com o meu nome. [...] Nada é meu. *Res nullius*".

Dos livros cuja data de aquisição é anterior ao ano de 1936 conservam-se: um livro de salmos, *Os Psalmos* (trad. de Monsenhor José Basílio Pereira), impresso em Salvador, no ano de 1922. Esse é o livro, com marcações, mais antigo, segundo o ano de sua publicação, a compor o conjunto das bibliotecas pessoais de Helder Camara. É provável que o tenha recebido antes de ingressar no seminário. Também estão conservados dois breviários presenteados ao seminarista pelo Monsenhor Luiz de Carvalho Rocha. Os exemplares do *Breviarium Romanum*, publicados em 1929, diferenciam-se pelas inscrições manuscritas da folha de rosto. Em um deles há: "Pe. Helder P. Camara. Novembro de 1930" e "Lembrança do meu bondoso vigário Mons. Luiz Rocha". No outro, "Pe. Helder Camara. Dezembro de 1930" e "Lembrança do meu saudoso vigário Mons. Luiz de Carvalho Rocha". Pode ser que o exemplar que ganhou em novembro lhe tenha sido dado porque, nesse mês, depois de uma crise vocacional que o levou a cogitar a possibilidade de adiar sua ordenação, recebeu o subdiaconato. Em 1967, escrevendo sobre o reencontro com Monsenhor Luiz Rocha, recordou:

> Celebrei a Santa Missa cercado pela "Família Mecejanense" de Monsenhor Luiz Rocha, cura da Catedral em meus tempos de

seminário (meu Pároco durante as férias). Devo muito do amor à Santa Missa a ele. Também ele recebera a graça de celebrar sempre pela primeira vez.

Certamente os problemas para identificar os livros pertencentes a cada conjunto de bibliotecas não se restringem apenas ao caso da biblioteca cearense. Pois, também as duas outras coleções, a carioca e a recifense, têm suas peculiaridades. A respeito da primeira, as principais dificuldades foram o estado de deterioração de alguns exemplares e a constatação de que os livros pessoais de Dom Helder, que, depois de sua transferência para Recife e Olinda, permaneceram no apartamento em que residia com sua irmã Nair Camara, no bairro de Botafogo, no Rio de Janeiro, foram, em parte, misturados com os livros pessoais de Nair. Por isso, os livros usados para compor esta obra obedecem aos seguintes critérios de seleção: 1. Devem possuir indicação, de próprio punho de Dom Helder, da data de aquisição. 2. Devem conter anotações ou marcações pessoais de Dom Helder. Pois elas são a prova que mais do que pertencerem à biblioteca, os livros foram, se não no todo, pelo menos em parte, lidos por ele.

Dos livros que compõem a última grande biblioteca pessoal de Dom Helder, a Biblioteca Recife, a maior dificuldade encontrada foi o desaparecimento de alguns exemplares sobre os quais foram encontradas referências. Durante o processo de catalogação desse conjunto, levaram-se em consideração os livros que estão conservados no Centro de Documentação Helder Camara – CeDoHC, e também a lista de livros mencionados nas circulares escritas desde a sua chegada à Arquidiocese de Olinda e Recife.

O cruzamento das listas de livros da Biblioteca do Recife indicou que muitos exemplares, que deveriam estar nas estantes da casa de Dom Helder, simplesmente haviam desaparecido.

A falta dos livros levou à construção de duas suposições: na primeira, supomos que Dom Helder havia remetido à Família Mecejanense os livros anotados. Com base nessa ideia, fomos conversar com as senhoras da Família Mecejanense, e parte das perguntas buscava averiguar se os livros que pertenceram a Dom Helder haviam sido, também, guardados por elas (a Família Mecejanense). A ideia ganhava força, pois imaginávamos que os livros, habitualmente, anotados por Dom Helder e remetidos junto com as circulares, eram discutidos em grupos, tal como se fazia, originalmente, enquanto Dom Helder morava no Rio de Janeiro. Assim, fomos nos encontrar com Marina Bandeira, Hilda Azevedo, Marina Araújo, Maria Luiza Amarante e Aglaia Peixoto.

O resultado das muitas horas de conversa nos surpreendeu e derrubou a nossa ideia inicial. Os livros que foram remetidos ao Rio de Janeiro, haviam sido entregues para Nair Camara e, portanto, já estavam em Recife. As únicas exceções eram os enviados diretamente às colaboradoras; estes, depois de enviados, deixaram de fazer parte da biblioteca pessoal de Dom Helder. Integraram, desde então, a biblioteca pessoal de cada uma delas. E as reuniões, que imaginávamos que existiam para as discussões dos livros propostos por Dom Helder, nunca aconteceram depois de sua partida para Recife. Segundo Mariana Bandeira, "nós tínhamos muitas obrigações! Cada uma com sua rotina. Se nos reuníssemos toda vez que o padrezinho enviasse um livro anotado, não teríamos tempo para mais nada!". Essa resposta foi confirmada por todas as senhoras que, palavras mais, palavras menos, argumentavam sentirem-se satisfeitas com os detalhados esquemas de leituras feitos por Dom Helder nas circulares. Sendo, segundo elas, raros os casos dos livros que, enviados, foram lidos. A informação sobre o destino dos livros desaparecidos só foi conseguida com a consulta ao ramo Recife da Família Mecejanense. A partir daí, tínhamos um novo dado, Dom Helder, por vezes, presenteava os amigos com livros de sua biblioteca pessoal, informação confirmada com a publicação de livro contendo as anotações pessoais de Dom Helder feitas nas margens de obra de Carlos Pena Filho (*Livro geral*). Ao escrever a apresentação de *Entrelinhas*, Bruno Ribeiro, à época presidente do Instituto Dom Helder Camara, explicou onde estava guardado o livro que, originalmente, pertencia à coleção da biblioteca pessoal de Dom Helder: "Tempos depois, folheando o livro [*Livro geral*, de Carlos Pena Filho] que presenteara, Christina [Ribeiro] encontrou esses poemas escritos pelo Dom. Não teve dúvidas, comprou um livro igual e trocou pelo anotado, tomando de volta o presente que dera, sob o pretexto doce e sorridente de Dom Helder".

Por essa razão, os livros escolhidos para representar a biblioteca recifense de Dom Helder foram selecionados de acordo com os mesmos critérios utilizados para a seleção da biblioteca carioca. Primeiro, devem apresentar indicação do período de aquisição. Segundo, devem possuir anotações, no caso da biblioteca de Recife. À diferença da biblioteca Rio, para a seleção da biblioteca Recife também foram considerados, como critério de seleção, os esquemas de leituras ou a citação direta de trechos dos livros no corpo do texto das circulares.

UM INTELECTUAL À MODA CARIOCA
A BIBLIOTECA RIO DO PADRE HELDER CAMARA

A transferência para a Arquidiocese de São Sebastião do Rio de Janeiro foi o marco inicial da construção da biblioteca carioca do Padre Helder, reunindo os livros adquiridos, seja porque foram presenteados ou comprados por ele, de 1936 até 1964. Dos quais mais de setecentos já foram recuperados. A fase carioca de Dom Helder indica traços de um intelectual em formação, cuja atividade livresca foi fortemente influenciada por dois aspectos: um profissional, ligado aos anos em que trabalhou como técnico no Ministério da Educação, outro pessoal, associado aos encontros literários e espirituais com Virgínia Côrtes de Lacerda.

Esse intelectual burocrata dedicou os primeiros anos de sua permanência na capital do Brasil ao serviço técnico. Quiçá essa tenha sido a condição para que seu pedido de transferência para o Rio de Janeiro fosse aceito: afastar-se da política partidária que o havia feito integralista e colocar-se a serviço da Igreja. O que não significou para Helder dedicar-se ao trabalho pastoral, mas, sim, ocupar um cargo-chave dentro da burocracia educacional.

O conjunto de livros consumidos indica essa tendência. As estantes eram cheias de autores que escreviam sobre educação, desenvolvimento do intelecto, adolescência, embora ainda conservasse um espaço para os livros sobre religião. Não raro lia obras em inglês e francês, sem prejuízos para a compreensão dos conteúdos, apesar de reconhecer que, quanto ao sotaque, falava mesmo "inglês nordestino e francês nordestino".

Das obras que possuem anotações e marcações manuscritas feitas pelo Padre Helder nesse período destacam-se: *Psychometric Methods* (1936), de Joy Paul Guilford, psicólogo americano e famoso por seus estudos sobre a psicometria da inteligência humana, propõe uma descrição tridimensional da inteligência, levando em consideração três aspectos: operações, conteúdo e produtos. Sua teoria, baseada em testes de inteligência, logrou identificar cento e cinquenta tipos de habilidades intelectuais. A obra foi lida pelo Padre Helder em 1939. Também compõe sua biblioteca as contribuições de Sigmund Freud, através da obra *Introdução à psicanálise*, lida em 1941 mesmo ano em que se dedicou às leituras de *Así habló Zaratustra*, (1932), do filósofo alemão Friedrich Wilhelm Nietzsche, e de *Os santos Evangelhos* (1941), de autoria do Padre Álvaro Negromonte. Ambas as obras possuem, além de marcações horizontais e verticais, um índice pessoal de leitura.

Dos trabalhos publicados por Padre Helder como assistente eclesiástico do secretariado de educação da Ação Católica Brasileira, achamos três que foram veiculados na *Revista Eclesiástica Brasileira – REB*: "Orientação filosófico-religiosa da legislação educacional brasileira" e "Um mestre brasileiro de pedagogia do catolicismo", ambos de 1941, e "A Lei orgânica do ensino secundário", de 1942. Os artigos reúnem críticas ao modelo de educação implantado no Brasil. O fato de acreditar e, assim, defender um modelo mais amplo, cujo foco não estava centrado apenas nos resultados, mas, sobretudo, no processo de aquisição de conhecimentos, talvez tenha feito o jovem assistente escrever pesadas críticas. Seus artigos são ricos também porque oferecem, para análise, uma bibliografia diversa. Desse modo, seus textos se entrecruzam com as leituras que fez no decorrer de sua formação.

Esses são alguns dos méritos literários do Padre Helder: ler e reinterpretar conceitos. Porém, sem um trabalho dialógico com outro leitor, até começar a ministrar aulas no Instituto de Filosofia do Instituto Santa Úrsula, ele é caracterizado como um burocrata-intelectual, um leitor solitário. Essa imagem começou a ser alterada com a chegada de uma jovem, de rara inteligência, Virgínia Côrtes de Lacerda. Do muito que se credita a ela, da formação intelectual de Helder Camara, duas ou três características serão apresentadas modestamente neste livro. São elas: o impulso às meditações, a formação do "apostolado oculto" e as trocas de livros com anotações nas margens das páginas.

A respeito das meditações, que já haviam causado problemas durante o período de formação de Helder no Seminário da Prainha, Padre Tobias Dequid, reitor naquela época, o havia proibido de escrevê-las. Virgínia, por outro lado, ao recebê-las, em primeira mão, sempre na saída da missa celebrada pelo padrezinho – forma como as senhoras da Família Mecejanense costumam se referir a Dom Helder – na Escola de Enfermagem Ana Nery, percebia a poética contida nos textos e procurava estimular o autor para que continuasse a redigi-las.

Dom Helder assinou as mais de sete mil meditações que escreveu com o pseudônimo de Padre José. Esse eu-literário é também invocado por Helder quando se dedicou a leituras de obras cuja densidade espiritual lhe requereu maturidade e serenidade intelectual. O próprio Helder explicou a origem de José, ao escrever sobre a importância de mãe Adelaide logo que ele ingressou no seminário:

Quando me via incompreendido, combatido, em risco de desanimar-me, estendia as palmas das mãos para que nelas repousasse os olhos e me dizia: "Coragem, José". Vem daí o nome de José que dei a meu Anjo (até que na Casa do Pai conheça seu nome real) e também o pseudônimo de Padre José

Costumava indicar as contribuições literárias do anjo da guarda com as expressões: "Padre José anda lendo" ou "comentando", também se angustia e "cria", "transborda em meditações", alegra-se e compraz-se com salmos, poemas e "retratos da vida cotidiana". Tudo contribuiu para despertar esse eu-lírico e, Virgínia, com admiração, o estimulou. Tanto que ela levou os textos ao conhecimento do Padre Leonel Franca, que pediu para lê-los. Seguramente, Dom Helder recordou-se da repreensão feita pelo Padre Dequid e "minimizou-lhes a importância, argumentando que eram poesias sem valor e que, na maioria das vezes, acabava rasgando-as". O autor não entregou os textos ao "censor", mas, a pedido dele, passou a entregar à Virgínia as meditações e ela encarregou-se de datilografá-las e encaderná-las. Antes de falecer, em 1959, Virgínia entregou as encadernações a Cecília Monteiro, a secretária de Dom Helder. Graças a essa consciência, que não se sabe se histórica ou puramente religiosa, é que os manuscritos foram conservados e, hoje, é possível conhecer essa faceta místico-poética de Dom Helder.

Dos encontros na sacristia para que fossem entregues à Virgínia as meditações, surgiu o desejo em ambos de alargar o grupo de discussão dos textos. As reuniões serviriam para discutir religião, teatro, cinema, literatura, política, e a ideia era fazer com que as conversas fossem partilhadas com outras pessoas. Nesse sentido, surgiu o Grupo Confiança, acreditamos que ele seja a origem da Família do São Joaquim, pois a composição dos grupos era, praticamente, a mesma. No entanto, nós desconhecemos a razão pela qual houve a mudança de nomes. Não é possível, ainda, precisar quantas pessoas fizeram parte, originalmente, dessas reuniões, sabemos, no entanto, que a intensa atividade de aprimoramento espiritual levou à produção de um conjunto de regras e anotações que Dom Helder chamou de "Regras do apostolado oculto: comentários, desdobramentos, adaptações". Em certa ocasião, conversando com o amigo e jornalista francês José de Broucker, recordou:

> Todas as manhãs participava [Virgínia] da minha missa e comungava. Fazia uma missa bem preparada. Eu lhe entregava todas as meditações, todas as reflexões que escrevera na véspera, para ajudá-la a ascender comigo. Desde o seminário, me preocupo cada noite em refazer minha unidade com Cristo. Havíamos adquirido também o costume de ler e reler tudo que nos parecia capaz de ajudar-nos tanto na linha espiritual quanto na linha cultural. Um

dia caiu em nossas mãos um livro: *O apostolado das elites ocultas*, ou algo parecido. Depois da leitura desse livro, Virgínia de Lacerda e eu descobrimos o apostolado oculto.

O apostolado não pode ser caracterizado como um instituto laico ou uma congregação. Era simplesmente um grupo que se reunia, geralmente, às sextas-feiras na casa de Virgínia, para estudar e discutir sobre algum livro de espiritualidade. Com frequência, também ouviam música e faziam, em oração e pensamentos, viagens missionárias. Cuidadosamente, escolhiam, mês a mês, um país e preparavam um itinerário e um amplo estudo da situação política, econômica, social e cultural de cada destino. Anos depois, Dom Helder reconheceu que "aquele foi, sem dúvida, uma preparação para as viagens que o Senhor me reservava para depois".

A última das contribuições de Virgínia Côrtes que apresentamos ao leitor neste livro se refere, propriamente, às anotações que juntos, Helder e Virgínia, escreveram nas margens das páginas dos livros que leram durante as décadas de 1940 e 1950. Não é possível, ainda, precisar quantos livros leram e comentaram juntos, não houve consulta à biblioteca pessoal de Virgínia, e dos livros que já foram recuperados da biblioteca carioca de Dom Helder, nem todas as anotações foram transcritas.

O que já se sabe é que Virgínia e ele usavam as bordas das páginas dos livros para comentar sobre os textos, mas, também, para discutir e trocar confidências. A documentação referente à Virgínia e Dom Helder ainda está sendo estudada, e seria precipitado afirmar qual o impacto real de Virgínia na vida do padrezinho. No entanto, o que ele escreveu sobre ela e o que juntos escreveram dão pistas de que ela, provavelmente, foi uma das maiores referências intelectuais com quem ele teve uma relação tão próxima.

Juntos leram obras em francês como: *Ilíada* e *Odisseia*, de Homero; *La Femme pauvre: episode contemporain*, do romancista Léon Bloy; *Péguy et les cahiers de la quinzaine*, do historiador e ensaísta Daniel Halévy; *A l'école de Saint Benoît*, do Dr. George; outras traduzidas para o português: *A agonia do cristianismo*, do filósofo espanhol Miguel Unamano; *O bom pecador*, do poeta francês Pierre Charles Péguy; em espanhol comentaram: *O diario intimo de una adolescente: psicologia de la adolescência* e *Ambicion y Angustia de los Adolescentes*, ambos do ensaísta e psicólogo argentino Aníbal Ponce; *El valor educativo de la liturgia católica*, escrito pelo cardeal primaz da Espanha Dom Isidro Gomá y Tomás. Para citar algumas das que já foram catalogadas e que possuem mais anotações.

As anotações a quatro mãos são o resultado mais evidente dessas leituras e, em alguns casos, releituras. Porém, reconhecê--las não é uma tarefa tão fácil quanto possa parecer, pois já sabemos que Dom Helder, em alguns casos, cobriu com sua letra as anotações feitas por Virgínia. Quando os livros chegaram em Recife e foram levados para limpeza e catalogação, descobriu--se, colocando-os contra a luz, que havia nas páginas a caligrafia de duas pessoas, mas não se sabia quem era. Somente depois de consultar o ramo carioca da Família Mecejanense é que o nome de Virgínia veio à tona, como sendo alguém que, por anos, foi a referência intelectual de Padre Helder.

Virgínia faleceu em 1959. Dom Helder confidenciou: "rapidamente, de uma crise cardíaca, depois de haver ficado dezoito horas sem reconhecer a ninguém e sem poder falar. [...] a morte de Virgínia foi um sofrimento muito duro". Coincidentemente, 1959 é o ano que o Papa João XXIII anunciou o Concílio Vaticano II, esse evento ocupou a vida e as estantes da biblioteca pessoal de Dom Helder, com a leitura de compêndios sobre história da Igreja, ecumenismo e práticas religiosas. Dessa última fase, destacaram-se as seguintes obras: *Manifeste pour une civilisation solidaire*, do Padre Louis Joseph Lebret op, *L'unité, espérance de vie*, escrito pelo prior da Comunidade de Taizé, Roger Schutz. Do cardeal dominicano francês Yves Congar, leu *Falons pour une théologie du laïcat*. Do teólogo suíço Hans Küng, *Concile et Retour a L'unité*, e do jornalista francês Jean Guitton, *Jésus*.

O Vaticano II realizou-se entre os anos 1962 e 1965, com reuniões que duravam, em média dois meses, dessa forma foram possíveis quatro períodos conciliares – as interseções serviriam para amadurecer os esquemas dentro das comunidades. Dom Helder participou de todos os períodos e, a respeito de sua atuação, duas características se destacaram: a organização de conferências para a preparação do episcopado brasileiro na *Domus Mariae* e o trabalho de articulação nos bastidores das assembleias conciliares.

Em 1963, com a morte de João XXIII e a eleição do novo pontífice, Paulo VI, as comissões conciliares foram convocadas a Roma, para discutir o andamento do concílio, confirmando sua continuação. Em março de 1964, durante essa reunião a nomeação de Dom Helder para assumir a Arquidiocese de Olinda e Recife foi anunciada.

OS LIVROS DO ARCEBISPO
A BIBLIOTECA RECIFE DE HELDER CAMARA

Ao ser transferido para Olinda e Recife, Dom Helder deu início à formação de sua terceira biblioteca pessoal, a Biblioteca Recife. O conjunto de livros adquiridos pelo arcebispo, desde 1964 até o ano de sua morte, 1999, somam mais de dois mil exemplares escritos em: francês, inglês, espanhol, italiano e português. Quanto aos livros de Recife, muitos foram entregues a amigos e colaboradores como presente. Outros, cuja data de aquisição corresponde ao período em que viveu em Recife, foram, como de costume, remetidos à Família Mecejanense, conforme escreveu Dom Helder, por exemplo, na Circular n. 560, de 1969: "*estão seguindo, anotados* pelo Padre José, os *Diálogos com Paulo VI*, de Jean Guitton. O original francês, com as mesmas notas, será a minha lembrança ao De Broucker, em agradecimento à *Violence d'une pacifique*.

Os livros com data de aquisição posterior a 1964 e anterior a 1985 contam, aproximadamente, mil e duzentos, dos quais mais de duzentos possuem algum tipo de marcação ou anotação manuscrita feita pelo seu proprietário. À diferença da Biblioteca

Rio, não há registros de que Dom Helder tenha trocado anotações com outra pessoa, tal como fez com Virgínia. No entanto, há em suas estantes livros que, originalmente, pertenciam a outras pessoas, como Stela Cabral de Melo, esposa do escritor João Cabral de Melo Neto, e Marina Bandeira, membro da Família Mecejanense, mas esses exemplares não possuem anotações. São classificados como lidos os livros que possuem grifos e/ou anotações manuscritas, ou que foram citados em, pelo menos, um esquema de leitura descrito em alguma circular.

Para apresentar a Biblioteca Recife, foram escolhidas cinco obras que ajudam a entender o amadurecimento intelectual pelo qual Dom Helder passou, através de sua capacidade de ler e escrever sobre temáticas diversificadas, a partir de referenciais teóricos também variados. Priorizamos, aqui, as interações literárias entre Dom Helder e autores com quem teve uma relação intelectual, ou seja, com quem compartilhou convicções, ideias e perspectivas.

A princípio, serão apresentadas cinco obras cujos autores e suas ideias indicam fases e atividades, ou facetas, desse leitor. São elas: *O marxismo*, do cônego Juvenal Arduini; *La force d'aimer*, de Martin Luther King; *Danser sa vie*, de Roger Garaudy; *Memórias improvisadas de Alceu Amoroso Lima*, escritas por Medeiros Lima; *Diálogos com Paulo VI*, de Jean Guitton.

A respeito dos esquemas de leituras, eles caracterizam-se, geralmente, pela seguinte estrutura: uma breve justificativa pela escolha do livro, comentário sobre o autor, a circunstância em que a leitura foi feita: "nuns minutos vagos" ou "durante a vigília", são as expressões mais comuns. Depois, surgem as precisas indicações para, segundo Dom Helder, "aproveitar ao máximo" as leituras sugeridas e, tal como uma receita, as sugestões são escritas, a exemplo das anotações feitas na Circular n. 33 de 1966,

nos minutinhos vagos, li *O Marxismo*, do Cônego Juvenal Arduini. Experimentei lê-lo. Comecei do último capítulo: a conclusão, que nos fala da "superação positiva" do marxismo. Dá ou não vontade de oferecer o livro, anotado, a homens sinceros como o nosso Cardeal [Dom Jaime de Barros Câmara]!?... Muita gente que investe contra o comunismo marxista sem nunca ter lido nada de Marx, ganharia em ler, por exemplo, os capítulos sobre "alienações e sua gênese", sobre "mais valia", "real dialético", "humanismo ateu", "materialismo histórico"... O Padre Arduini tem o dom de expor, de modo objetivo e honesto, mas tornando inteligíveis noções difíceis. Quem não entender o que são mesmo as "alienações" e a mais valia (pontos nevrálgicos na crítica de Marx ao capitalismo), não entende mais, nem mesmo lendo Calvez....

Do ponto de vista analítico-prático, o livro escrito pelo cônego Arduini serviu, posteriormente, como base para um dos discursos proferidos por Dom Helder naquele mesmo ano. Convidado para ser paraninfo na formatura da Escola de Ciências Sociais, na cidade de Caruaru (PE), o arcebispo escreveu um discurso cuja temática do marxismo aparece associada à universidade e ao cristianismo.

Os marxistas esclarecidos já não repetem simplesmente que religião seja ópio para o povo. Completando o pensamento de Marx com palavras do próprio Marx, reconhecem que o cristianismo, por um lado, é a expressão da miséria real, mas, por outro, o protesto contra esta miséria (trecho do discurso: "Universidade, cristianismo e marxismo", de 1966).

Vejamos algumas expressões de Marx:

O homem faz a religião, a religião não faz o homem. A religião é a consciência de si e o sentimento de si do homem que ainda não conquistou ou já se perdeu. *A miséria religiosa é, ao mesmo tempo, a expressão da miséria real e o protesto contra essa miséria...* A religião é o ópio do povo (trecho marcado por Dom Helder, do livro *O marxismo*, de autoria do Cônego Juvenal Arduini).

Se tomarmos como ponto de análise a temática do marxismo, tanto para a leitura quanto para os textos escritos por Dom Helder sobre o assunto, é possível indicar, pelo menos, mais três autores lidos em períodos diferentes e mais de dez discursos onde o marxismo é mencionado. Porém, esses livros, cujas marcações aparecem com relativa frequência, não foram mencionados nas circulares escritas durante o período da leitura.

As estantes da biblioteca pessoal de Dom Helder guardam livros de temáticas variadas. Dividem o mesmo espaço livros sobre budismo e economia, espiritismo kardecista e desarmamento, judaísmo e política internacional, história da Igreja e poesia, práticas cristãs primitivas, bem como sobre discursos protestantes. Aberto à perspectiva ecumênica, Dom Helder mostrou, não apenas como um leitor da religião alheia, senão por meio de práticas concretas, uma relação de respeito e ajuda mútua para com membros de outras religiões. Uma dessas figuras, cuja admiração religiosa era, também, intelectual, foi o Pastor Martin Luther King, a quem o Dom se referia com os nomes traduzidos em português Martinho Lutero King. Para ele, escreveu este pequeno bilhete:

Meu caro Irmão, Pastor Martinho Lutero King, quando da minha última viagem aos USA, estava com uma audiência marcada com você para segunda-feira, quando, no domingo anterior, você foi preso, em Alabama. Permita-me aproveitar a visita que lhe faz a Dra. Hildegard Goss-Mayr [teóloga austríaca e ativista da não violência], para transmitir-lhe um apelo que me parece de importância capital para a paz do mundo. Acompanhamos suas lutas [...] Você nos enche de alegria. A integração racial nos fala como um problema humano, diante do qual ninguém pode permanecer indiferente e estranho; [...] Nós amamos a paz. Mas não haverá paz sem justiça. E não haverá justiça sem que se chegue à revisão política internacional do comércio e do desenvolvimento. [...] Podemos pensar em tê-lo conosco, ao menos por um dia, em Recife (Pernambuco, Brasil), talvez em maio, por ocasião de sua ida a Montevidéu para o Congresso Latino-Americano de não violência? [...] Mas penso em todo o terceiro Mundo e o discurso de saudação, que eu faria a você, teria dimensões mundiais. Se nós dois fôssemos irmãos, nossas ideias não poderiam ser mais próximas. Mas nós somos irmãos: temos o mesmo Pai e somos *um* em Jesus Cristo. [...] Mesmo que lhe seja impossível passar pelo Brasil e pelo Nordeste, conte sempre com nossas orações e nossa amizade.

Dos discursos de Martin Luther King, o conjunto publicado sob o título de *La force d'aimer* foi o escolhido para representar essa relação literária entre ele e Dom Helder. Trata-se de uma tradução francesa de dezesseis discursos do pastor batista, escritos, originalmente, para os paroquianos de sua igreja em Dexter, no estado americano do Alabama. A respeito do livro, Dom Helder escreveu:

> *É verdade que estou encantado* com a tradução francesa de um livro do Pastor Martinho Lutero King: *La Force d'aimer* (Castermann). O primeiro sermão, sobre "espírito firme e coração terno"; o segundo sobre "não conformismo transformado" e o terceiro sobre "ser um bom próximo". Já me dão u'a medida exata da palavra deste homem. Que alma irmã! Confirmo-me no desejo de trazê-lo aqui e na intenção de mandar, anotado, o livro a vocês.

As ideias escritas dos discursos de Luther King também estiveram presentes em diversos discursos de Dom Helder, sobretudo, os que foram dirigidos à comunidade norte-americana, como o discurso: "Resposta fraterna ao 'Black Manifesto'", pronunciado em 22 de janeiro de 1970, na cidade de Detroit, no estado de Michigan. Em que o arcebispo brasileiro relembrou, em vários pontos do discurso, as ideias do pastor norte-americano:

> permiti, negros dos USA, que vos fale, de verdade, como irmão. [...] abandonai, de vez, a ideia de violência armada! [...] Não penseis que o vosso grande líder [...] o Pastor Martinho Lutero King, porque caiu assassinado, tenha fracassado ... [Ele] era um homem, virou um símbolo; era um líder, virou um herói, um mártir, um santo, uma bandeira; era apenas vosso, pertence hoje à humanidade inteira!

Na mesma proporção em que foi ecumênico, também podemos mencionar a faceta lúdica de Dom Helder, pois aprazia-lhe o cinema, a música, o teatro, a poesia, as artes plásticas e a dança, para citar algumas formas de expressão. As noitadas que promoveu no palácio de Manguinhos, em Recife, servem de exemplo prático, e são também significativos seus esforços para escrever o texto para uma sinfonia, posteriormente musicada pelo padre suíço Pierre Kaelin. A "Sinfonia dos dois mundos" teve sua primeira apresentação na Páscoa de 1980, na Suíça. Quando consultado sobre por que usar a música para evangelizar, Dom Helder respondeu:

> entreguei a Padre Kaelin [...] um resumo do que ando tentando levar ao mundo, nas incansáveis peregrinações pela paz. Meu sonho transformou-se em realidade esplêndida: a música *transfigura* o meu texto. Cada vez que participo da apresentação da "Sinfonia dos dois mundos", sinto que a música, em hora e meia, consegue o que eu não obteria em vinte ou trinta conferências mundo afora.

Com o mesmo intuito, mas desta vez recorrendo a outro recurso, Dom Helder escreveu o argumento para um balé: *Messe pour les Temps futur*, coreografado por Maurice Béjard. A discussão em torno do futuro do homem e sua função de cocriador entre as criaturas animou Dom Helder a escrever "Robô, com quem dançarás?". Um convite à reflexão sobre a relação do homem com a evolução tecnológica, com a invasão de obras pessimistas, com ameaças atômicas cada vez mais poderosas em todo o mundo, e com as questões críticas de crescimento da população e da fome.

Para ilustrar esse apreço pelas artes foi escolhido o livro *Danser sa vie*, escrito pelo político e intelectual francês Roger Garaudy e prefaciado pelo coreógrafo Maurice Béjard. O livro foi enviado, com dedicatória do autor, a Dom Helder em 1973.

Essa prática de Garaudy, de enviar livros recém-lançados a Dom Helder, era comum – existem registros de mais de dezesseis livros desse autor nas circulares de Dom Helder. No entanto, muitos desses livros foram remetidos de volta ao autor com as anotações pessoais de Dom Helder, conforme ele escreveu: "Quando saiu *Alternative*, comentei o livro todo, e o enviei a Garaudy através de José de Broucker. Jamais recebi nenhuma palavra, a respeito, nem de um nem de outro". Sobre a relação entre o dirigente do partido comunista francês e o arcebispo brasileiro, Garaudy escreveu:

> meu primeiro encontro com Dom Helder é o momento mais importante de minha vida. [...] Em suas *Conversões de um bispo*, Dom Helder relembra aquele encontro inesperado: "Eu sentia que no essencial Roger Garaudy e eu pensávamos da mesma maneira". [...] Dom Helder me havia ensinado o essencial: uma revolução tem mais necessidade de transcendência que de determinismo. [...] Graças a Dom Helder, o mulçumano que sou e o marxista, que não deixei de ser, consideram Jesus como o eixo central de minha via.

É provável que a leitura de *Danser sa vie* tenha impulsionado o argumento da criação da *Missa para um tempo futuro*. Essa ideia ganhou força a partir das observações que ele destacou nas duas circulares em que mencionou o livro, na primeira cópia traduzindo um trecho do livro e, na segunda, escrevendo as meditações que a leitura lhe inspirou. Anos mais tarde, quando entregou a Maurice Béjard o argumento para o balé, o texto original apresentava traços semelhantes às meditações inspiradas a partir da leitura Garaudy. *Danser sa vie*, obra do escritor francês, fez uma denúncia terrível ao cristianismo, quando comentou:

A *dança moderna* reata assim – para além de quatro séculos de "ballet clássico" e de vinte séculos de desprezo do corpo, por um cristianismo pervertido pelo dualismo platônico – ligação com o que foi a dança, em todos os povos e em todos os tempos: a expressão, por movimento do corpo organizado em sequências significativas, de experiências que transcendem o poder das palavras e da mímica (p. 13, da obra lida).

Na carta de n. 133, do ano de 1973, escreveu:

vinte séculos de cristianismo, pervertido pelo dualismo platônico!... Existirá, no Rio, um museu da dança? Como ver e ouvir "Seraphic diabogue" (1955), para Garaudy "talvez a maior peça religiosa do século (p. 99) e onde Marta faz o papel de Joana d'Arc? [...] Por favor, me mandem, quanto antes, cópia desta circular (o livro pode demorar), pois nela preciso apoiar minha consulta a Garaudy... A vigília termina com uma dança – de alma e de corpo – em louvor do Espírito Santo (1º movimento); com investidas do Espírito Santo (servindo-se de nós) para mudança de estruturas interiores (2º movimento); com investidas nossas (animados e conduzidos pelo Espírito) contra as estruturas de opressão (3º movimento) ...

Das *Memórias improvisadas de Alceu Amoroso Lima*, livro de entrevistas concedidas ao jornalista Medeiros Lima, são significativas as anotações e marcações feitas para indicar preferências literárias de ambos os intelectuais. Alceu e Dom Helder leram: Drummond, Péguy, Machado de Assis, "leitura de todas as épocas da vida" (anotação feita na p. 47 de *Memórias improvisadas*), Bergson, Joaquim Nabuco, Maritain, entre outros tantos. "Era fácil imaginar a influência de Anatole France (anotação feita entre as p. 45 e 46). Além dessas afinidades literárias, Dom Helder e Tristão de Atayde tiveram uma longa experiência juntos no Rio de Janeiro, o que foi evidenciado pelas anotações, em tom nostálgico, feitas em alguns trechos da Circular n. 219, de 1974:

Nessa Quaresma, cheguei à conclusão de que ler devagar, saborear as *Memórias Improvisadas* do nosso querido Alceu será maneira esplêndida de preparar-nos para a Páscoa. Não há pressa. Gastaremos todas as circulares que forem precisas. A vida do Alceu está tão identificada com a vida da Igreja e, em boa parte, com a nossa própria vida, que, acompanhá-lo, será dar o balanço de que todos precisamos. O Alceu é uma das maiores criaturas humanas que o Pai me deu a graça de encontrar. Na linha de encontros como os do Papa João ou de Roger, o prior de Taizé. [...] Cada página traz reminiscências que nos falam profundamente: Padre Lionel França (p. 80), a meu ver, grande, imenso como criatura humana, mas com uma obra ferida de morte pelos preconceitos de seu tempo... – Augusto Meyer, o nosso Erasmo... (p. 104-100); Ismael Nery e Murilo Mendes (p. 109-110); o grande Jorge de Lima (p. 111-112); o discutido, discutível e grande Schmidt (p. 113-116); Jackson de Figueiredo (p. 116-121)... – Chestertin (p. 139-140), Bernanos (p. 137-138); p. 158 a 170), Maritain (p. 144-149); Teilhard (p. 170-173, 178-186); Mounier (p. 172); Gabriel Marcel (p. 174); Thomas Merton (p. 176; 187-200); o Padre Lebret (p. 201-202); o Padre Maurilio Penido (p. 202-204); Mauriac (p. 206-209)... Que tentação de deixar, sobre cada uma, meu próprio testemunho!... [...] Cada linha, cada entrelinha deste livro me fala tanto! Talvez por ter vivido os mesmos episódios (menos a tentação da *Belle Epoque*).

Das estantes da biblioteca pessoal de Dom Helder, dois livros foram retirados para uma análise mais profunda, daquilo que se poderia definir como relação intelectual. Por meio desses dois exemplares: *O diario intimo de una adolescente: psicologia de la adolescencia*, de Aníbal Ponce, e *Diálogos com Paulo VI*, de Jean Guitton, serão apresentados, de forma detalhada, como foi o processo de releitura, no caso do primeiro livro, e sua relação e interação intelectual com Virgínia Côrtes de Lacerda, indicando elementos para a reconstrução do processo de amadurecimento intelectual e espiritual, tanto do padre quanto da leiga católica. Já no caso do segundo livro, serão indicados: primeiro, as relações pessoais entre Padre Helder e o Cardeal Montini, antes e durante o pontificado, depois os encontros literários com Jean Guitton, durante o Concílio Vaticano II. A exemplo das memórias escritas a partir da leitura do livro *Memórias improvisadas*, Dom Helder também se viu refletido em muitas memórias de Paulo VI.

PARTE 3
O PADRE, UM LEITOR

LIVROS LIDOS...
Não pensem que ocupam espaço desmerecido...
Quantas vezes vocês são testemunhas,
volto a procurar leituras passadas,
lições escondidas,
que não só os olhos não puderam guardar,
mas a própria memória, a inteligência mesma,
não tiveram a vaidade
e a pretensão de saber reter...
(Recife, 26.08.1990. Meditações do Padre José,
Manuscrito inédito).

Lidos e relidos, anotados uma e outra vez, testemunhos de um leitor apaixonado, assim se apresentam muitos dos livros que compõem as bibliotecas pessoais de Helder Camara. Aquilo que, até aqui, foi apresentado como a relação intelectual entre o leitor e essas obras, refere-se não só às anotações feitas por ele, nas margens das páginas de tantos livros, senão ao que, não raro, foi o diálogo estabelecido nessas margens entre o leitor, o autor e tema de cada obra.

Para ilustrar, em Helder Camara, a importância dos grifos e marginálias, no seu processo pessoal de leitura e diálogo com autores e as obras, foram selecionados dois livros, um para cada biblioteca, pela riqueza das anotações: *O diario intimo de una adolescente: psicologia de la adolescencia*, escrito pelo psicólogo e ensaísta argentino Aníbal Ponce, e publicado no início da década de 1940, e *Diálogos com Paulo VI*, escrito pelo teólogo francês Jean Guitton, no final da década de 1960. O primeiro ilustra as leituras e releituras feitas pelo então Padre Helder e a literata Virgínia Côrtes de Lacerda. O segundo, as próprias recordações, despertadas pela leitura dos diálogos entre o papa e o jornalista. Amigos que Dom Helder conhecia bem: Giovani Battista Montini, futuro Paulo VI, desde a década de 1950, e Jean Guitton, da convivência durante o Vaticano II.

Além dos grifos, a transcrição das anotações revela um interdiscurso do padre-leitor ora com o autor da obra, ora com a coleitora, no caso do primeiro livro, e dele com os "autores" do segundo livro, já que se trata de um *conjunto de perguntas e respostas* entre Jean Guitton e Papa Paulo VI. O que observamos é que Dom Helder absorveu os conceitos e discursos que leu e os incorporou a sua forma de ler e analisar o mundo a seu redor. Integrando essas opiniões e esses conceitos, ele incluiu em seu discurso o discurso das instituições, autores e coleitores.

O diario intimo de una adolescente é a última obra de psicologia de Ponce. Datada de 1938, durante o período em que o autor estava exilado no México, a obra aborda a questão da mulher e da sociedade, utilizando-se de um estilo ensaístico. O autor se propõe a fazer do texto um caso de análise clínica, a partir das noções publicadas em sua obra anterior, *Ambición y Angustia*, sobre a pintora María Bashkirtseff. Adquirido pelo Padre Helder em janeiro de 1944, o livro destaca-se pelas riquezas das anotações feitas em suas margens, ainda em fevereiro do mesmo ano. Tal riqueza, como lhes mostraremos adiante, e o fato de que essas anotações são também um diálogo com Virgínia Côrtes de Lacerda permitem supor o profundo impacto que a obra causou nos dois leitores.

A obra *Diálogos com Paulo VI* é o resultado de cinco anos de trabalho do jornalista e intelectual católico Jean Guitton. O texto, segundo o autor, escrito de acordo com o gênero literário diálogo, busca, para além da "reprodução das palavras literais" de Paulo VI, "uma reprodução mais fiel, mais profunda, mais íntima, mais verdadeira, e que provém de uma impregnação de toda a alma".

À medida que envelhecemos, nós reinterpretamos nossas vidas, ou selecionamos as reinterpretações mais convenientes daquilo que foi nossa experiência de vida. Em Helder Camara isto é facilmente constatado quando se comparam textos escritos por ele, no calor dos acontecimentos, durante o Concílio, por exemplo, e registrado nas suas cartas circulares, com os depoimentos que deu ao jornalista José de Broucker, no início da década de 1970, os quais se transformaram na obra *Les conversiones d'un Evêque: entretiens avec José de Broucker*. Nas anotações feitas à obra de Guitton, resultado de um leitor agora solitário, descobre-se um Dom Helder que em 1969 é um leitor cuja memória é seletiva e amadurecida.

AS ANOTAÇÕES DE PADRE HELDER E VIRGÍNIA À OBRA DE ANÍBAL PONCE
DIÁRIO ÍNTIMO DE DOIS INTELECTUAIS

Para melhor conduzi-los por entre as anotações e leituras feitas por Dom Helder, nós transcrevemos as anotações feitas por ele e por sua companheira literária Virgínia Côrtes de Lacerda, em 1944. Aplicamos um método que indica a posição da anotação feita, em relação ao texto do livro e quem dos dois leitores as fez. Aqui algumas legendas que julgamos úteis: margem superior (ms), margem lateral esquerda (mle), margem inferior (mi) e margem lateral direita (mld). Essas letras serão colocadas por nós ao final de cada transcrição para que se possa imaginar o texto anotado em sua real posição, pois observamos que as anotações nem sempre estão dispostas numa única margem ou escritas num único sentido. Aparentemente, a intenção dos anotadores é que o leitor possa identificar, com alguma facilidade, o texto de Ponce que provoca a reflexão.

Para nos ajudar no processo de transcrição, nós atribuímos cores a cada um dos tipos de letras que encontramos nas margens das páginas dos livros. Isso só foi possível porque digitalizamos várias páginas do livro com anotações e o submetemos ao Softer Adobe Photoshop, manipulamos a claridade e a intensidade de cores de cada página e, assim, conseguimos identificar o que havia sido escrito por Dom Helder, anotações essas que atribuímos a cor verde, e as anotações que foram feitas por Virgínia, às quais nós atribuímos a cor azul.

A identificação dos textos atribuídos a cada um dos dois tornou-se mais fácil porque Dom Helder escreveu diretamente à caneta, com sua letra característica, e Virgínia respondeu a lápis. Posteriormente, Dom Helder cobriu à caneta as partes dos textos de Virgínia. Mas é perfeitamente possível distinguir a grafia desta última. Como as anotações não surgem ao acaso, ou seja, estão sempre relacionadas a uma passagem do livro, aqui também será transcrito o trecho que originou as discussões, para que se possa ler com eles e, quem sabe, fazer suas próprias anotações. Para não confundir o leitor, vamos transcrever o texto original do livro de Aníbal Ponce sempre com grifo e entre aspas.

Por exemplo, no primeiro diálogo entre os dois leitores, nas p. 16 e 17 do livro, Dom Helder sublinhou no texto onde estava escrito *"Virgínias e Camilas"*, e à margem esquerda colocou uma pequena cruz entre parênteses: "(+) Se eu escrevesse um romance, procuraria deixar em situação melhor o belo nome". Virgínia aproveitou seu comentário e lhe perguntou: "Já leu 'Paulo e Virgínia'? Minha adolescência não o tolerava, sobretudo porque eu o li para minha avó... e minha avó era realista". O diálogo continuou na margem lateral direita, com a resposta do padrezinho: "Conheço críticas sobre o livro. Do livro mesmo, só trechos de antologias. Vovó Virginia, foi? Que avó feliz!'". Virgínia anotou: "Criatura sem nenhuma instrução, mas inteligentíssima: tinha 'faro' para leituras, quase sempre. Mas até o 'Rocambole' lemos juntas".

Passamos para a p. 17, onde o diálogo continuou, e na margem lateral esquerda ele escreveu: "Quer dizer q[ue] 'faro' aí é herdado... *Deo Gratias!* Mas que tal 'Paulo e Virgínia'? E o 'Rocambole'?". Virgínia, sem perda de tempo, retomou a sugestão literária e escreveu: "'Paulo e Virgínia' é um romance que lhe agradará. O 'Rocambole'? Aventuras... capa e espada... policial", e completou na margem superior da página: "O gênio do mal lutando contra o gênio do bem. Autor: Ponson du Terrail, está dito tudo". Ainda na margem superior, Dom Helder acrescentou mais uma anotação, inclusive com data, o que nos permitiu desvendar o ano da leitura: "27.2.44: não é triste q[ue] me agrade um livro q[ue] não foi tolerado por *Caecilia* nem na adolescência?". Aqui uma pequena notinha, *Caecilia* é um dos pseudônimos que Dom Helder atribui a Virgínia, referiu-se a ela também como Frei Jacoba, em outras circunstâncias. Voltemos à resposta de Virgínia: "Não: você é mais delicado do que eu".

Entre as p. 16 e 17 do livro de Ponce, a partir da menção ao nome de Virgínia, surge uma interação entre os interlocutores. As obras às quais Virgínia faz referência são: *Paul et Virgínie*, um romance do escritor francês Bernardin de Saint-Pierre, escrito em 1788, e *Les exploits de Rocambole*, o título, se o traduzíssemos para o português, ficaria *As aventuras de Rocambole*, escrito entre os anos de 1857 e 1870, pelo romancista francês Pierre Alexis Ponson du Tarrail.

No primeiro caso, a história traduzia o pensamento do Iluminismo, ao defender uma sociedade ideal, baseada no respeito aos direitos humanos. Ambientada na Ilha Maurício (ilha da França, à época), o livro narra o amor adolescente entre Paulo e Virgínia, que não se concretiza pelo trágico falecimento da protagonista num naufrágio. O autor faz menção a um fato real na história do livro, o navio que trazia Virgínia de volta à ilha era Saint-Géron, que realmente havia naufragado em 1744. No segundo caso, as aventuras eram publicadas em jornais franceses e, posteriormente, foram reunidas em livros. Elas representavam a transição literária do romance gótico para o herói da ficção moderna. Tratava-se de uma novela de mistério e aventura, ou como escreveu Virgínia: "um romance capa-espada". Rocambole, o personagem que deu nome a série, só aparecia no capítulo 14, primeiro como um personagem negativo, mas, a partir do quarto livro, quando o protagonista sai da prisão, assume a postura do herói positivo, de um ladrão espirituoso e cavalheiresco.

Nas páginas seguintes mais indicações literárias vão surgindo, Virgínia como professora de língua portuguesa e literatura não deixava de, quando possível, mencionar uma leitura que completasse o raciocínio e enriquecesse a compreensão, mesmo que, conforme exposto anteriormente, tal leitura não a tivesse agradado.

O objetivo do primeiro capítulo dessa obra de Ponce é fazer um "levantamento" dos diários históricos, de suas contribuições para a compreensão de seus autores e das implicações que a memória escrita exerce sobre a memória moral das pessoas. Ponce, em seus primeiros trabalhos sobre psicologia adolescente, havia desconsiderado os escritos biográficos dos diários, afirmando que "a psicologia moderna não tem nada a ver com a psicologia literária. Anos mais tarde, em *O diario intimo de una adolescente*, havia reconsiderado a afirmação de 1929, sob a alegação de que os problemas na psicologia "são complexos demais para nos permitirmos o luxo de fazermos uma eleição de métodos".

O trecho seguinte, destacado para a discussão entre Padre Helder e Virgínia, está inserido nesse contexto (p. 21, 2º parágrafo, linhas 11-13). Marcação vertical em vermelho: "la precipitación de algunos psicólogos modernos, Foucault e De Sanctis, entre otros, los rechazan por inútiles", traduzido livremente para o português, "a precipitação de alguns psicólogos modernos Foucault e De Sanctis, entre outros, os rejeitam como inúteis".

Na margem inferior da página, Padre Helder comentou: "Probl[ema] de psicologia: que valor possuem os diários como documentos de vida interior?", e Virgínia o respondeu: "Valor muito relativo...". É provável que, pensando um pouco em si, na sua incessante produção de textos de natureza autobiográfica, tenha surgido o comentário do padre: "Para quem os sabe interpretar, valem como documentos vivos. Os próprios exageros do adolescente são dados indispensáveis, a traduzir já se vê, a analisar...", sem esgotar o tema, na margem lateral direita, Virgínia escreveu: "Tenho alguns dados de minha adolescência (13 anos), em que não mais me reconheço...". Fazendo uma pequena referência a esse período, Padre Helder recordou: "Nem me lembro de pedir: m[ui]to mais simples era *ver* o retrato da Primeira Comunhão e eu tive um na mão... é verdade q[ue] noutros tempos... Puro esquecimento não ter mostrado o retrato: hoje só minha tia o possui. Vou pedir emprestado".

As anotações que surgiram para comentar sobre o uso ou não dos diários na psicologia, acabaram suscitando uma memória da infância. De fato, o retrato da Primeira Comunhão de Helder é bem simples; ele e o irmão, Mardônio, receberam juntos a Primeira Comunhão, na Igreja da Prainha, em 28 de setembro de 1918, sem a presença da sua maior incentivadora religiosa da época, sua mãe. Adelaide ficou em casa para cuidar da filha Maroquinha, que havia tentado suicidar-se. Na década de 1970, ao recordar, numa das circulares, as circunstâncias de sua Primeira Comunhão, lembrou-se do pedido feito pela mãe: "'Peçam a Deus que toque o coração da Maroquinha. O Pai não sabe negar nada a quem faz Primeira Comunhão'. Ela nos transmitiu tanta fé, que o prodígio se deu: na hora exata da Primeira Comunhão, foi como se Maroquinha saísse de um pesadelo".

Ainda segundo a perspectiva da leitura, como elemento catalizador de memórias, nas páginas seguintes Helder e Virgínia discutiram sobre o momento em que se conheceram. Confessaram mutuamente não recordarem do instante exato, nem de quem os apresentou. Talvez para amenizar a falha da memória atribuíram mais importância à continuidade de sua amizade do que ao instante em que ela começou: (p. 22, 2º parágrafo, linhas 11-15). Marcação vertical em vermelho: "Esos 'nada' carecerían evidentemente de valor psicológico si no dispusiéramos del control de los hechos. Y los hechos revelaran este detalhe singular: uno de los diás en que Luis XVI escrebió en su agenda la palavra 'nada' fué el 14 de julio de 1789...", traduzido livremente para o português: "Esses 'nada', obviamente, não têm valor psicológico, se não tivéssemos o controle dos fatos. E os fatos revelam esse detalhe singular: um dos dias em que Louis XVI escreveu em sua agenda a palavra 'nada' foi o 14 de julho de 1789".

Na marquem inferior da página, escreveu o padre: "Curioso!", e Virgínia imediatamente comentou: "Os acontecimentos *fatais* para o meu *destino* em geral não podem ser, posteriormente, lembrados como parecendo tais no presente, mas somente no passado. Isto é lei geral, penso". A conversa continuou na margem lateral, ele anotou: "Nem sempre. Com a graça de Deus, recebi o sacerdócio certo de que dava o passo mais cheio de consequências p[ar]a a m[inha] vida. Ao partir para o Rio, *medi*, também, a mudança grave que se operava. Quando propus, pela primeira vez, a proporção ideal, de novo me senti diante de um marco essencial de m[inha] vida".

Na margem superior Virgínia apressou-se em explicar: "Não me entendeu: eu, por ex[emplo], não sei dizer quando foi que apresentaram Padre Albertus... Mas q[uan]do respondi ao inquérito *sabia o que estava fazendo*. Mas o acontecimento *fatal* para o meu *destino* sobrenatural não foi a *apresentação*, momento que não consigo localizar?...". Aqui podemos captar algumas pequenas modificações que são introduzidas pela amizade e pela confiança entre os leitores, pois anotou Helder:

> Que força tem *Caecilia*: reconciliou-me de todo com termos q[ue] eu jamais julguei tolerar: *fatal*, *destino*... Soavam aos meus ouvidos pagãos... Sabem q[ue] já adotei, de coração, a integração das letras na filosofia? Se o verdadeiro, o belo, o bom e o ruim se equivalem,

como estabelecer distinções essenciais entre esses vários ramos de um mesmo saber? Que força Deus lhe deu, *Caecilia*! Veja que vai fazer de mim.

Virgínia pareceu não acreditar: "Eu?", e com paciência Helder explicou: "Acho q[ue] a apresentação foi feita na Div[isão] de Ens[ino]. Primeiro não me lembro por quem. É estranho mesmo q[ue] não nos tenha ficado mantido esse instante providencial. Quando o inquérito foi devolvido, s[em] timidez estava longe de calcular *todas* das consequências. A Hist[ória] da Confi[ança] foi escrita aos poucos, penosamente...", e Virgínia concluiu: "Quando olho para trás fico admirada do caminho percorrido... e dou graças a Deus!".

Virgínia e Padre Helder trabalharam juntos na divisão de ensino e na Faculdade de Letras das Irmãs Ursulinas, essa experiência com a educação, tanto do ponto de vista burocrático quanto prático, por meio da docência, fez com que ambos vissem alguns teóricos clássicos com certas ressalvas: quando Ponce escreveu no seu livro que, provavelmente, o diário original de María Bashkirtseff tratava-se de um "diário apócrifo" e que a carta que prefaciava o livro, assinada por Freud, seria a prova disto. O padre e a professora comentaram, na margem inferior da página:

– Possível, Freud?
– Acho possível (juízo temerário).
– Possível, é. Mas não acho provável.
– Acho provável (juízo temerário).
– Freud pareceu-me sincero...
– Pareceu-me um maníaco.
– Mania e sinceridade são dados compatíveis.

As marcações das páginas seguintes indicam aquilo que até aqui tentamos apresentar ao leitor como elementos para compreender a importância de Virgínia Côrtes de Lacerda para o desenvolvimento e amadurecimento intelectual de Helder Camara. A respeito do diário original de Bashkirtseff, os interlocutores recordaram que possuem o livro, mas que ambos ainda não o tinham lido. Supõe-se que a ideia de lê-lo surgiu para confrontar a opinião de Ponce sobre a veracidade dos escritos de María e Freud, pois o conjunto de anotações pessoais da pintora russa estendia-se por um período muito longo de sua vida, (p. 26, 2º parágrafo, linhas 1-5). Marcação vertical em vermelho: "Ese panorama amplísimo, desde los doce años hasta los veintecuatro, que ningún diario hasta hoy nos dio en su plenitude, es lo que vamos a contemplar a través de la vida de María Bashkirtseff, tal como su obra famosa la refleja y la explica", traduzindo: "Este vasto panorama, dos doze anos aos vinte e quatro, que nenhum jornal nos deu em plenitude, é o que vamos contemplar durante a vida de Maria Bashkirtseff, pois seu famoso trabalho reflete e explica".

Na margem inferior começam as anotações, a primeira feita pelo padre: "Temos o livro. Maria Bashkirtseff não me parece *representar* bem a adolescente...", e Virgínia anotou: "Ganhei, mas ainda não li". Ele se dá conta de que também não o leu: "Nem eu".

Aqui surgiu o convite feito pela amiga: "Vamos ler nas férias?", a resposta foi: "Vamos. Tinha planejado ler a *Ilíada*, a *Odisseia* (tenho pra mim q[ue] nos entenderemos mais ainda depois da leitura)", e continuou o comentário na margem inferior da página seguinte: "Acabar M[arco] Aurélio... Em resumo, passar as férias com livros seus. Era um modo... Mas também é ótimo saber q[ue] vamos ler o mesmo livro, no mesmo dia...".

"Eu sonhava em anotar Homero propositadamente para meu irmão ler: mas se tem tanta pressa, mando-o como está anotado para as minhas aulas de literatura. Por outro lado, sabe que estou esperando o *programa* das férias?", respondeu Virgínia.

Na margem lateral direita, apareceu o comentário do padre-leitor: "A força é tanta que, automaticamente, foi adiada a leitura de Homero. Para comentários mais nossos, mando-lhe o 'nosso' exemplar. Quer anotá-lo q[uan]do puder?... Quer guiar-me pelo mundo iluminado que é o seu mundo?", e Virgínia o respondeu: "Fá-lo-ei com todo carinho...".

O mundo iluminado ao qual Padre Helder fez referência é o universo das letras e anotações. O diálogo entre esses dois intelectuais forjou-se a partir de uma relação de admiração mútua, "estava diante de uma inteligência privilegiada. Ela lia os clássicos gregos diretamente no original", escreveu Dom Helder. Não consta na biblioteca pessoal do padre o livro de Bashkirtseff, é, então provável que ele, originalmente, pertencesse à Virgínia. Quanto ao pedido de que ela comentasse Homero e ele, então, o lesse segundo as observações dela, ao que parece, foi atendido, pois o ano de aquisição de *Odisseia*, por exemplo, é de 1944. O reconhecimento à inteligência e a capacidade de aceitação das sugestões literárias e pessoais de uma leiga fazem da relação intelectual entre ela e o padre ser algo ainda mais significativo. Juntos, eles leram e anotaram muitos livros sobre os mais variados temas. A impressão que se tem ao transcrever essas anotações é a de que ela e ele, apesar das divergências, procuravam mutuamente o amadurecimento.

A última anotação feita neste primeiro capítulo da obra Ponce, indica uma "discussão" entorno da questão de gênero. Nas últimas páginas de seu capítulo, Ponce dedicou-se a descrever casos de "diários famosos", segundo ele, da história. O parágrafo advertia sobre o duvidoso valor que pode ter um diário, haja vista que a máxima diz: "quem escreve, quer ser lido". Nesse sentido, não se deve confiar plenamente no valor das palavras de um diário, ainda mais se elas tiverem sido publicadas sob a forma de livros. A única exceção conhecida pelo autor é a do poeta e pintor inglês Dante Gabriel Rossetti.

Marcação vertical em vermelho (p. 30, 1º parágrafo, linhas 1-6): "Cuando murió Elisabeth Siddal, modelo de sus retratos e inspiradora de sus poemas, Dante Gabriel Rosetti encerró en la tumba de la amada los manuscritos de sus versos. Lástima grande que algún tempo después, hiciera abrir la tumba para llevarlos a la imprenta..." Em tradução livre: "Quando Elisabeth Siddal morreu, modelo de seus retratos e inspiradora de seus poemas, Dante Gabriel Rosetti trancou no túmulo da amada os manuscritos de seus versos. Grande pena que, algum tempo depois, o túmulo tenha sido aberto para levá-los para a imprensa...".

As anotações começaram pelo assombro do Padre Helder: "Para que abriu?!... Oh!", e Virgínia comentou: "Como os homens se arrependem dos gestos que só o coração ditou! Matias Aires, como tens razão!". Helder corrigiu e completou: "Os homens e as mulheres. A natureza humana enq[uan]to se movimenta apenas no plano horizontal". Virgínia retrucou: "Quando escrevi 'os homens' pensava nos humanos, embora julgue que o sexo forte é, nesse caso, o mais frágil – no plano horizontal, é claro".

"Acho-os tão diferentes!", anotou Helder. E Virgínia, em suas últimas anotações dessa página, escreveu: "Mas você que *ouve* uns e outros deve saber muito melhor que eu!", e numa notinha final Helder escreveu: "Há mulheres, então, que até nome masculino podem usar. Conhece Frei Jacoba?", e Virgínia lhe respondeu: "Frei Jacoba é bem feminino, não acha?".

Virgínia começou seus comentários respondendo à interrogação de Padre Helder, e, para fazê-lo usa, como argumento literário, Matias Aires Ramos da Silva de Eça, um filósofo e escritor paulista. Certamente, ao mencioná-lo, Virgínia fazia referência à obra: *Reflexões sobre a vaidade dos homens*, editada em 1752. Obra na qual a vaidade é discutida a partir do trecho bíblico: "Vaidade de vaidades, diz o pregador, vaidade de vaidades! Tudo é vaidade" (Eclesiastes 1,2). Pela primeira vez, nessa obra Virgínia e Helder começaram o que pode ser interpretado como uma discussão de gênero, enquanto argumentavam sobre ser, o homem ou a mulher, no plano horizontal, parte do universo material de forma igual.

A última referência do diálogo entre eles é à figura religiosa de Frei Jacoba, que historicamente foi uma viúva romana, amiga de Francisco de Assis. Jacoba de Settesoli entrou para a Ordem Terceira de São Francisco de Assis, uma comunidade leiga. O apreço mútuo que sentiam fez com que Francisco de Assis pedisse a ela que velasse seu corpo, e ela, em retribuição, pediu que seus restos mortais repousassem próximo aos dele, de Frei Egídio,

Frei Rufino e Frei Leão. Mas, para Padre Helder e Virgínia, Frei Jacoba era o pseudônimo da própria Virgínia.

Não é possível mensurar o quão importante foi a presença literária de Virgínia na vida de Padre Helder. O que se pode dizer a seu respeito é que influenciou na aquisição de livros, na forma de lê-los e interpretá-los. A última lembrança que ele escreveu sobre ela foi: "como esquecer a casa de Virgínia, na S[ão] Clemente, onde, durante anos, nos reunimos às sextas-feiras e onde se foi consolidada nossa Família que, um dia, eu chamaria de Mecejanense".

UM PAPA, UM BISPO E UM LEIGO
OS DIÁLOGOS ENTRE PAULO VI, HELDER CAMARA E JEAN GUITTON

Em 3 de junho de 1963, faleceu João XXIII. Segundo Alberigo, teólogo da Igreja Católica, junto com a dor pelo desaparecimento de um homem que havia realizado tão profundamente o papel de pai e de mestre, nascia uma pergunta inquietante sobre o prosseguimento do Concílio. O que faria o sucessor de João XXIII? Depois de um rápido conclave que foi de 19 a 21 de junho, Giovanni Battista Montini, arcebispo de Milão e cardeal criado por João XXIII, assumiu a cadeira de Pedro, sob o nome de Paulo VI.

O livro selecionado para ilustrar a Biblioteca Recife, de Helder Pessoa Camara, reúne as memórias desse pontífice. *Diálogos com Paulo VI*, de Jean Guitton, foi publicado durante a década de 1960 e lido em 1969 pelo arcebispo de Olinda e Recife. Entre muitas peculiaridades, o livro apresenta: primeiro, um número significativo de anotações, umas sob a forma de comentário, outras, de meditações. Segundo, o primeiro exemplar lido por Dom Helder era originalmente em francês, conforme ele mesmo escreveu, sendo que a edição em português foi adquirida e acrescida das anotações para ser enviada à Família Mecejanense: *"estão seguindo, anotados* pelo Padre José, os *Diálogos com Paulo VI,* de Jean Guitton. O original francês, com as mesmas notas, será a minha lembrança ao [José] De Broucker, em agradecimento à *Violence d'un pacifique.*

Analisando a relação pessoal entre Monsenhor Montini e Padre Helder, a primeira lembrança de um encontro entre o brasileiro e o bresciano foi em 21 de dezembro de 1951. Padre Helder viajara a Roma a pedido do Núncio Carlo Chiarlo, que o havia encarregado de levar a "mala diplomática da Nunciatura", dando-lhe o pretexto para "o primeiro encontro pessoal, privado, longo, misterioso com Monsenhor Giovani Battista Montini", escreveu Dom Helder na Circular n. 344 de 1972. O tema da audiência foi a criação da Conferência Nacional dos Bispos do Brasil, que, como o nome propunha, destinava-se a reunir apenas os bispos, e não tendo Padre Helder esse *múnus,* Montini o questionou: "só me resta uma dúvida. O secretário normal, natural da CNBB, seria Monsenhor Camara. Mas a conferência é de bispos e ele não o é", recordou Dom Helder na mesma carta de 1972. Ele respondeu argumentando que Montini, sem ser bispo, era a conexão entre o episcopado do mundo inteiro, porque ele trabalhava diretamente com Pio XII. No ano seguinte, voltou a Roma para apresentar os resultados da conferência recém-criada, e, no final da audiência, escreveram os biógrafos de Dom Helder, Nelson Piletti e Walter Praxedes:

Dom Helder decidira ir embora e começava a despedir-se quando Monsenhor Montini apressou-se, impediu que a porta fosse aberta e fez-lhe um pedido inesperado: "Agora, me dê a sua primeira bênção de bispo". Dom Helder ficou um tanto embaraçado e quis retribuir o gesto de humildade do secretário de Estado fazendo uma premonição sobre o futuro de seu amigo: "Está bem! Dar-lhe-ei a minha primeira bênção de bispo. Mas, como já o vejo vestido de branco, quero receber depois sua primeira bênção de papa". Muito perturbado, Monsenhor Montini resistiu ao pedido o quanto pôde, mas, diante da insistência de Dom Helder para que lhe desse a bênção, consentiu com uma objeção: "Também darei a bênção, mas não de papa". Os dois se abençoaram e, ajoelhados, Monsenhor Montini propôs: "rezemos, então, juntos o *Pater Noster*".

Quando se encontraram no Concílio, ainda como padres conciliares, Helder e Montini tinham uma relação de amizade baseada no respeito e na admiração mútuos, inclusive, o futuro papa já havia vindo ao Brasil, em 1960. Durante o pontificado de Paulo VI, de 1963 a 1978, Dom Helder o encontrou em seis audiências oficiais. Foi, também, nesse período que surgiram as restrições às viagens internacionais, conforme correspondência enviada ao arcebispo brasileiro em anexo. Entre alegrias e tristezas, foi assim que Dom Helder foi se encontrando nas memórias de Paulo VI.

A relação com Jean Guitton começou num almoço, na terça-feira, 20 de novembro de 1962, e a reunião, planejada às pressas, levou o arcebispo a dizer: "Estou tendo, então, que ler, às pressas, seu último livro: *Dialogue avec les precurseurs [Journal oecuménique 1922-1962]*" (CAMARA, 2004, p. 115). O leitor mostrou-se tão entusiasmado com o intelectual que dedicou várias circulares a explicar e esquematizar seus livros:

Este escritor francês tem gasto a vida nos dando livros de filosofia e de religião. De filosofia, seus livros mais célebres são *Le temps et l'Éternité chez Plotin et saint Augustin*, *Justification du Temps* e *Actualité de saint Augustin*. De religião é muito apreciado *Le pensée moderne et le catholicisme*, *Jésus* (que está traduzido para o português) e – livro que temos em casa e eu comentei na TV – *La Vierge Marie* (livro que o ia complicando, sem razão nenhuma, com o S. Ofício). [...] Chamo a atenção de modo especial (porque estou enviando o livro de Guitton) para o capítulo sobre apostolado da inteligência, apostolado nos meios universitários. No almoço pretendo provocá-lo a que nos fale sobre o Padre Ponget (temos, em casa, um livro de Guitton que eu não li: *Dialogues avec Mr. Ponget*).

No entanto, o livro sobre o qual vamos apresentar algumas considerações só foi lido em 1969, e trata-se dos diálogos reunidos por Jean Guitton em conversas com Paulo VI. Mencionamos, anteriormente, que Dom Helder havia anotado dois exemplares, um em francês e outro em português. No entanto, durante os trabalhos de catalogação, descobrimos um terceiro exemplar, contendo todas as anotações feitas por Dom Helder, mas feitas por uma letra desconhecida. Também foi levado em consideração para a seleção deste livro o pedido feito por Dom Helder, caso alguma coisa lhe acontecesse, deixado anotado na Circular n. 334 de 1967:

> Se entrar nos planos divinos que eu seja preso ou morto por um golpe armado – da direita ou da esquerda –, quero deixar bem claro, diante de Deus e diante dos homens, meus irmãos; que mantive até o fim, pela graça divina, devoção ao Santo Padre. Para mim, ele é o vigário de Cristo. Jamais me custou aceitar decisão sua, nem nas linhas do ensinamento, nem nas deliberações a meu respeito.

O Santo Padre não precisava nem me consultar: de antemão estava aceitar *qualquer* decisão sua, por mais que me custasse. Isto foi sempre válido em relação a qualquer papa. Mas reconheço como carinho do Pai, ter vivido em tempos do Papa João e do Papa Paulo VI. (Gostaria que fizessem chegar ao Santo Padre o livro de Jean Guitton, *Dialogues avec Paul VI*, confiante e filialmente anotado por mim.).

O primeiro capítulo desse livro de Jean Guitton, intitulado, "8 de setembro de 1950", resume como o jornalista e, à época, Monsenhor Montini se conheceram. As primeiras linhas indicam a postura tomada pelo entrevistado ao recorda-se de sua vida: "na minha memória tudo é contemporâneo. Mas as imagens sobrepõem-se: a que é atual desperta as antigas que a anunciavam".

A partir dessa advertência, trata de discorrer por muitas páginas as primeiras impressões que teve sobre o primeiro livro de Jean Guitton que ele havia lido, *A Virgem Maria*, e apenas sublinhou e marcou alguns parágrafos. A primeira anotação surgiu a partir do seguinte trecho, destacado por ele com linha horizontal e dupla linha vertical, na p. 17: "Para que serviria dizer o que é verdade, se não nos fizéssemos compreender pelos homens deste tempo?".

Na margem superior, Dom Helder escreveu dois comentários: o primeiro, "graças a Deus, Paulo VI escreve sempre mais de modo a ser entendido pelos homens de seu tempo", e, logo em seguida, completou: "1969, julho: Que se passa com o S.[anto] Padre? Parece angustiado, quase sem esperança...", e ainda na mesma página do livro destacou outro trecho: "Na arte dos sons, uma das notas é o silêncio", a partir dela escreveu a meditação: "De que não é capaz o silêncio", transcrevemos aqui o pequeno texto:

103

De que não és capaz, silêncio?/ Que sentimento não consegues traduzir? / E como te fazes entender com muito menos risco de distorções que a palavra, tua irmã.../ Quando mais me emocionas/ é quando silencias de todo,/ silêncio, chegada a tua vez de adorar o senhor e escutar!... (Recife, 10/11.7.1969).

A leitura desse livro coincide com uma fase difícil na vida pessoal e eclesiástica de Dom Helder. Desde 1968, por um equívoco da agência de notícias *France-Presse*, que publicou a seguinte declaração, atribuída a Dom Helder: "Minha eliminação é mais fácil do que se imagina", uma série de acontecimentos e atentados sucederam na vida do arcebispo. A revista brasileira *Fatos e Fotos*, em maio do mesmo ano, repercutiu a notícia, dando a Dom Helder a capa da edição n. 379/1968, com a chamada: "Quem quer matar este homem?". Segundo um jornal local, a Delegacia de Ordem e Política Social – DOPS o havia classificado como agitador político. O ano de 1968 terminou para Helder com sua casa sendo metralhada, duas vezes. No ano seguinte, os atentados acorreram na sede da Cúria Metropolitana, em abril, e rajadas de metralhadoras cortaram a fachada do prédio. Porém, a dor causada pela perda do Padre Henrique Pereira Neto, em maio de 1969, foi ainda mais difícil de superar.

Dom Helder já sabia, desde 1966, do alcance de suas palavras. O próprio Paulo VI o havia advertido: "qualquer ato seu, qualquer palavra sua tem ressonância mundial. É mais importante para a imprensa europeia e norte-americana saber o que pensa do que conhecer o pensamento de qualquer cardeal". No entanto, por sua boa relação pessoal com o Sumo Pontífice, não esperava ser interpelado pelo Cardeal Giovani Benelli, principal auxiliar de Paulo VI, a respeito de suas conferências no exterior. Haja vista que na entrevista para a revista *Fatos e fotos*, que mencionamos antes, quando perguntado se o papa aprovava sua atitude, ele respondeu: "quando chega um sacerdote ou um leigo, ele [o papa] se interessa, procura inteirar-se com mais detalhes de todos os trabalhos e encoraja o quanto possível. Não há, portanto, uma aprovação especial".

Todavia, o que se lê nas correspondências trocadas entre o arcebispo brasileiro e o cardeal italiano, a respeito das viagens e conferências internacionais, resulta na "sutil" limitação às saídas, sob o pretexto de que era preciso voltar as atenções ao campo do apostolado, à formação do clero, dos seminaristas e dos leigos. E, no que concerne aos pronunciamentos, sugere uma censura prévia, ao confirmar que a Santa Sé desejava que fossem submetidos os temas e os textos das conferências à autoridade eclesiástica local (ordinário representante de Santa Sé).

Dadas essas circunstâncias, o que se observava das anotações de Dom Helder feitas no livro de Jean Guitton é que elas tinham um tom de desabafo, de pesar pelo cerceamento imposto pela Igreja. Ainda no capítulo 1, na p. 25, enquanto o papa ponderava sobre a inteligência dos franceses e seu caráter questionador de estruturas, sobretudo, as eclesiásticas, Dom Helder, com linhas verticais duplas, destacou:

> Não há desvio senão nas inteligências magnânimas e generosas. Dizendo de outro modo, não se corrige senão os vivos e, quando se corrigem, admiram-se. E diria mesmo que às vezes se invejam. Os

franceses não têm razão em tomar por condenação o que não é senão advertência, apelo à prudência, à lentidão, à maturação. Isso é o sinal de uma indicação paternal, que é inspirada pela admiração.

Na margem superior da mesma folha comentou: "agora, entendo, ainda mais uma carta autografada que tive a honra e a tristeza de receber em uma Sexta-feira Santa. 1969, julho: agora, a Providência me torna membro da Igreja do silêncio". Os meses de silêncio foram quebrados devido a uma denúncia do amigo e jornalista francês José de Broucker, que fez circular na imprensa europeia a notícia de que Dom Helder recusava os convites para as conferências porque assim o havia solicitado Roma. Em 1977, enquanto concedia entrevistas ao amigo jornalista, Dom Helder lembrou-se desse período, sem mencionar a censura que lhe foi imposta, também, pela Igreja:

O Governo compreendeu que as campanhas e os ataques, num país como o Brasil, alimentam o nome da vítima. Assim, me impôs o silêncio, como numa tumba. Só me restava o renome internacional... não sei até quando, não sei se o Senhor me arrancará, também, este último sinal de riqueza.

No primeiro capítulo, a última anotação feita pelo leitor sobre as memórias e impressões de Paulo VI, surgiu a partir do poema de Paul Verlaine, citado pelo papa na p. 29 do livro, no trecho em que dizia: "Oui, garde toute esperance sur tout". Segundo a tradução para o português, "sim, conserva toda a esperança em tudo". Dom Helder o sublinhou e, na margem inferior, escreveu um bilhete: "Santo Padre: sofro porque o mundo guarda a impressão de que a esperança, de vez em quando, o abandona!". Em janeiro de 1970, durante uma audiência privada com o pontífice, o "castigo" chega ao fim. A conversa confirmou o que já lhe havia sido alertado pelo cardeal belga Suenens, de que o entrave na Cúria não era o Cardeal Benelli, que já o havia defendido em outras ocasiões, mas sim o Secretário de Estado, Cardeal Jean Villot, que chegou a interceptar uma correspondência enviada por Dom Helder ao papa. Resolvidos os mal-entendidos, de ambos os lados, o que se pode dizer sobre a relação de Dom Helder e Paulo VI é que foram amigos, mesmo quando estavam afastados. Em 1978, quando o papa estava em seus últimos instantes de vida, Dom Helder, mais uma vez, recorreu às memórias que tiveram juntos. Transcrevemos aqui a Circular n. 27, folhas 1-3, ainda inéditas, onde, sem ressentimentos, sem cobranças, mas apenas lembranças, um amigo recordou-se do outro:

> Às 15h a TV informou que o Santo Padre, em Castel Gandolfo, sofrera uma crise do coração. Ficamos ao pé do rádio e da TV.
> Uma hora depois vinha o anúncio de que Paulo VI recebia a Unção dos Enfermos... Quando a Cúria Romana informa que um papa recebeu a Unção dos Enfermos, é porque a situação é mais do que grave...
> Não largamos a TV e o rádio. Às 19,30, Thierry, filho de Roger [Bourgeon], que faz um dos jornais da TV francesa, nos deu o anúncio da partida do Santo Padre.
> *Na certeza de que o Pai* o recebeu, sem demora alguma, meu primeiro sentimento foi de Ação de Graças. Paulo VI foi poupado da humilhação de ficar sem controle, dominado pelos anos e pela esclerose. Deus o levou na hora exata!

E fiquei recordando os principais encontros que tive com ele. Sem falar das vezes em que o vi, na basílica ou na Praça de São Pedro, durante o Concílio, nas minhas contas devo ter tido umas 21 audiências privadas...

– a princípio, com Sua Excelência Monsenhor Giovanni Battista Montini, subsecretário de Estado de Sua Santidade o Papa Pio XII (Ele se encarregava dos assuntos internos da Igreja e Monsenhor Tardini dos assuntos externos);

– mais tarde com o arcebispo e, a seguir, com o Cardeal-arcebispo de Milão;

– enfim, com Sua Santidade, o Papa Paulo VI.

Durante o Concílio Ecumênico Vaticano II, na basílica, guardo, sobretudo, a lembrança:

– da missa e da alocução com que deu continuidade ao Concílio;

– de uma caminhada ecumênica a São Paulo Fora dos Muros, durante a qual, salvo engano, houve o seu dramático e belíssimo pedido de perdão aos judeus;

– da missa em sufrágio do Santo Padre João XXIII, com a célebre e inesquecível oração fúnebre, pregada pelo Cardeal Suenens;

– do contato com os padres conciliares no início e no fim de cada sessão conciliar;

– da canonização de um santo, preto, em cujo elogio, em plena missa, ele deixou escapar: "Era um preto, de alma branca"!...

Quanto ao encerramento do concílio, foi em cerimônia, belíssima, na Praça de São Pedro.

Em circulares sucessivas, provavelmente, já escritas do Brasil (a programação aqui é apaixonante, mas está realmente exigindo o máximo de esforço – e ela, também, merecerá, na hora oportuna, narração ampla, com os principais episódios), desejo recordar o que de mais expressivo se passou nas audiências privadas. Provavelmente, haverá nas circulares dados complementares ou, inclusive, retificações, pois a memória baralha e sou fragílimo em datas.

Em rigor, não se tem direito de contar o que se passa em audiência privada, concedida pelo papa, pois só duas pessoas podem confirmar ou negar o que for relatado: quem conta o que diz que se passou e o Santo Padre...

Um dia – em audiência célebre que, a seu tempo, recordarei – disse a ele: "Santo Padre... Em certas ocasiões, vejo-me na contingência de contar passagens de audiências privadas que Vossa Santidade me concebe. Faço, assim, a bem da justiça e da verdade, porque, Santo Padre, há certas áreas em que a sua fama é pior do que a minha no Brasil...".

Agora, ele já está em nossa Casa da Eternidade, com o Pai, a quem ele sempre tanto amou; com o Filho, de quem foi, por excelência, o vigário (isto é, aquele que faz as vezes, aquele que representa), com o Espírito Santo, cuja atuação tangível (lembrada ao vivo na audiência de despedida, a 15 de junho p.p.) fez com que ele enchesse os olhos de lágrimas de alegria... Com Nossa Senhora, que foi tendo um lugar, sempre maior, no coração e na mente do querido Monsenhor Montini... Com São Paulo e São Pedro. Com todos os anjos e santos! Com o Papa João!...

Te Deum laudamus! Magnificat!
Bênçãos saudosas do Dom.

CONSIDERAÇÕES FINAIS

O livro é um instrumento que transcende sua materialidade. Nele é possível discernir a cultura, os posicionamentos, as memórias e os sentimentos de seu autor. A interação dele com o leitor pode revelar, neste último, a busca por respostas, os interesses, as perspectivas, preocupações e formas de pensar, sendo insofismável a importância de um bom livro na construção do pensamento crítico e dos sentimentos daquele que o lê. O olhar sobre o acervo de um leitor, acumulado durante uma vida, constitui uma revelação, harmônica e muitas vezes potencializada, da essência da relação obra-leitor. Partindo desse princípio é que se lançou um olhar crítico e histórico sobre o acervo das bibliotecas pessoais de Helder Camara, buscando analisar de que forma se deu a interação dele com os livros e como estes contribuíram para a sua formação nos seus vários aspectos.

Indicar elementos para a elaboração do perfil intelectual do falecido arcebispo de Olinda e Recife é um trabalho que apenas está no começo, de um lado, porque as suas anotações, nas páginas dos livros, ainda estão em fase de transcrição, o volume de obras com esse tipo de registro é expressivo e a consulta a eles foi autorizada há menos de cinco anos, de outro lado, no campo da análise, há a dificuldade, a complexidade e a diversidade de temas/assuntos constantes nos livros. Também a presença de obras em outros idiomas (inglês, italiano, francês, espanhol), por vezes, é um problema. Por essas razões, este livro pretende apenas indicar um caminho possível, mas ainda não trilhado, para se conhecer a personalidade de Dom Helder.

As informações biográficas e, principalmente, bibliográficas reunidas na primeira parte pretenderam contribuir para que o leitor pudesse ir formando a imagem de intelectual, sem a necessidade de desconstruir a imagem de religioso de Dom Helder. Ou seja, para que a imagem religiosa deixasse transparecer a imagem intelectual que sempre existira por traz do padre, mas que ficara em segundo plano na imagem que o público formou sobre ele. Não queríamos perder de vista, como muitas vezes acontece com seus críticos, que, por trás do religioso que falava com os anjos, existia um intelectual profundo e rigoroso.

A escolha das bibliotecas como objeto deste livro também se deve ao fato de que ler as cartas circulares, principalmente as que foram escritas a partir de 1968, é dar-se conta de que Dom Helder nunca trabalhou intelectualmente sozinho. Desde sua ordenação e mesmo um pouco antes, seus trabalhos são realizados sempre em parcerias: com Severino Sombra, na fase integralista, com Lourenço Filho, durante a transição para o Rio de Janeiro, com Alceu Amoroso Lima, quando se tornou publicista, com Virgínia Côrtes de Lacerda, aprimorando e ampliando suas aquisições literárias. Depois, a maturidade adquirida, a partir das experiências profissionais, espirituais e literárias, vai confirmar esse hábito. Quem analisa a postura de Dom Helder durante esses períodos se dá conta de que uma das características mais marcantes no agir do padre conciliar brasileiro era a sua capacidade, eficiência e eficácia em trabalhar com a colegialidade. Isso fica evidente, quando se percebe o esforço feito por ele para conduzir e colocar a par do contexto das discussões conciliares o episcopado brasileiro, organizando a hospedagem coletiva dos bispos na *Domus Mariae* e todo um programa de formação para seus colegas, sugerindo leituras e ordenando as chamadas conferências das *Domus Mariae*. Ele não as proferiu, mas fez contatos com os maiores teólogos da época para que as fizessem.

Ainda durante o Concílio, depois de transferido como arcebispo residencial de Olinda e Recife, ele não só enviava as circulares e os livros anotados, senão as minutas de seus discursos para que os textos fossem construídos em conjunto com sua "Família". Esse hábito tornou-se mais significativo quando se recordava das condições políticas e culturais da época. Em primeiro lugar, tratava-se de um sacerdote, ocupante de um alto posto na hierarquia eclesiástica, que se permitia consultar e receber sugestões de ideias para seus textos, de leigas, de jovens, de não católicos e, até mesmo, de ateus. Do ponto de vista político, trabalhar com Dom Helder nos anos do regime militar significou para muitos ganhar a perseguição e a antipatia de políticos, jornalistas, militares e, em certa medida, da Igreja. Tratava-se de um trabalho silencioso, feito à sombra, que não teria deixado muitos traços, não fosse o hábito do arcebispo de tudo anotar, de tudo guardar. Hábito que a "Família" respeitou e conservou. As circulares analisadas a partir dessa perspectiva indicam que ele foi um homem perspicaz, sensível aos acontecimentos de seu presente histórico, com os olhos postos no futuro e rodeado de gente tão perspicaz quanto ele, capaz de entendê-lo, encorajá-lo, impulsioná-lo e freá-lo, quando necessário, e que fez tudo isso sem aparecer para o grande público.

O professor Luiz Carlos Marques usa uma expressão para indicar a leitura que os críticos de Dom Helder faziam dele, talvez por desconhecer o quão profundas eram as colunas de fé e de cultura sobre as quais ele construía suas ações: "ora um incomodo fantoche [...] ora um perigoso articulador" (MARQUES, 1999, p. 118-119). Guardadas as devidas proporções, a leitura das circulares leva a pensar que muitas vezes o próprio arcebispo se comportava assim propositadamente. Algumas vezes, deixando-se frear ou mudar de rumo, escutando as razões dos seus colaboradores, às vezes, passando por cima delas. As sucessivas versões do célebre discurso feito em Paris, em 1970, mostram isso claramente.

Pensando que esta é a primeira obra que vem a público sobre esse assunto, optamos por apresentar, como exemplo de análise futura das bibliotecas de Dom Helder, apenas dois livros, entre os tantos possíveis, para ilustrar as distintas fases da interação desse leitor com suas obras, bem como da relação com seus interlocutores. O primeiro livro, *O diario intimo de una adolescente*, de Aníbal Ponce, foi selecionado pela riqueza do diálogo que se estabeleceu, a partir de suas páginas, entre Virgínia e Padre Helder. Este não foi o primeiro livro que leram juntos, mas um dos mais sugestivos. Também é ilustrativo de uma fase da vida de Dom Helder em que ele estava começando as atividades de docência, onde, das disciplinas que ministrava, a de que mais gostava era aquela que tratava do comportamento dos adolescentes, dos jovens. Inclusive sobre o tema ele escreveu dois artigos, que se acabaram tornando referência para sua contratação pela Faculdade das Irmãs Ursulinas.

A influência literária e intelectual de Virgínia sobre ele não pode ser medida por um único livro, o que se pretendeu, apresentando Ponce, foi mostrar como eles se correspondiam, *via livro*, e como as sugestões e os comentários surgiam. A indicação do livro nesta obra deve ser entendida como a apresentação, o primeiro contato com esse *modus operandi* de Virgínia e Helder.

Já o livro de Jean Guitton, *Diálogos com Paulo VI*, foi lido por um Helder solitário, angustiado e, por que não, revoltado. Aqui o interlocutor é um silencioso Paulo VI, que não só não estava junto a ele, a exemplo de Virgínia, para responder às suas inquietações, como, depois de papa, passara a escutar, titubeante, as acusações da Cúria, dando a impressão de haver perdido aquela confiança que fora construída entre ele e Dom Helder desde os anos de 1950.

A escolha do livro busca compreender como Dom Helder reagiu à carta de 1969 do Secretário de Estado, o Cardeal Benelli, que pretendia impedi-lo de viajar para fora do Brasil. Esse é um fato confuso na biografia de Dom Helder, pois até a recente transcrição das anotações feitas nas margens das páginas desse livro, não se tinha uma clara ideia de como, realmente, essa correspondência havia abalado o arcebispo de Olinda e Recife. Agora se sabe, por exemplo, o porquê de ter sido José de Broucker, jornalista francês e amigo pessoal de Dom Helder, o autor da denúncia pública dessa censura romana. Ele pôde fazê-la porque Dom Helder lhe enviou imediatamente um exemplar em francês dos *Diálogos com Paulo VI* com as anotações originais (que Dom Helder teve o cuidado de transcrever na versão portuguesa, hoje em poder do Instituto Dom Helder Camara).

O que buscamos, ao apresentar o livro, é mostrar elementos desse leitor maduro que era Dom Helder ao chegar a Olinda e Recife. Talvez pela idade, ou pela autoconfiança emocional e psicológica, ou pela maturidade intelectual, o que se lê nas margens das páginas desse livro é o testemunho de um homem que, diante de circunstâncias históricas e eclesiásticas ímpares, expõe-se em suas mais angustiantes e sinceras críticas.

A continuação sistemática desse caminho, que aqui se propôs, talvez possa apresentar uma figura humana de Dom Helder surpreendentemente próxima de nós. Seria, quem sabe, a tentativa de conhecer o homem que habitou por baixo da batina do religioso, ou esteve por trás do professor, do político, do orador, do defensor dos direitos humanos, e aí se descubra que ele foi, na verdade, um grande leitor.

Para compor as tantas biografias de Helder, esquadrinharam-se as estantes. Circulares, discursos, homilias, transcrições dos programas de rádio foram sistematicamente lidos. Mas talvez nada se compare à riqueza das anotações feitas às margens dos livros por ele lidos com paixão. Elas apresentam outro Helder, um leitor muito atencioso, capaz de dedicar várias horas à leitura. Estudar os livros que compuseram a formação do pensamento helderiano pressupõe analisar cada livro de forma a extrair deste muito mais do que está escrito, buscando a essência da relação entre o livro e o leitor.

LINHA CRONOLÓGICA BIOBIBLIOGRÁFICA

A presente lista não se pretende completa, mas um impulso para novas pesquisas. Esperamos alentar a curiosidade que o texto possa ter suscitado no leitor para conhecer as obras que Dom Helder tenha lido. Estão listados abaixo: os dados biográficos de Dom Helder Camara; as referências bibliográficas, ou seja, as obras que conseguimos localizar em suas bibliotecas; as obras lidas ou adquiridas entre 1964 e 1970, mencionadas aqui, com, ao final da referência reduzida, a indicação *Circ. n. xx/ano*, uma menção à(s) carta(s) circular(es) em que a obra foi mencionada, pois as cartas desse período já estão publicadas; as obras lidas em anos posteriores indicadas pelo autor e título da obra apenas; as comenda ou distinção; os títulos de cidadania; os títulos de Doutor *Honoris Causa* e os prêmios.

1909 – 7 de fevereiro, nasce Helder Pessoa Camara, em Fortaleza, capital do Ceará.

1909 – 30 de março, é batizado na Santa Casa de Misericórdia, paróquia de São José de Fortaleza.

1918 – 28 de setembro, recebe a Primeira Comunhão na Igreja da Prainha.

Antigo Testamento. Tradução segundo a vulgata e resumo do comentário de Monsenhor Doutor José Basílio Pereira. Bahia: Typ de S. Francisco, 1922.

1923 – 9 de fevereiro, ingressa no Seminário Arquidiocesano de Fortaleza.

1928 – 8 de setembro, recebe a primeira tonsura.

1929 – 16 de março, recebe as ordens Ostiariato e Leitorato.

1930 – 16 de março, recebe as ordens Exorcistato e Alcolitato.

1930 – 30 de novembro, recebe a ordem do subdiaconato.

Le livre des Psaumes. Tornaci: Imprimatur, 1930.

Breviarium Romanum. Turonibus: Typsis A. Mame et Filiorum, 1929. Observação: "Padre Helder Camara. Dezembro de 1930" e "Lembrança do meu saudoso Vigário Monsenhor Luiz de Carvalho Rocha".

1931 – 21 de março, recebe a ordem do diaconato.

1931 – 15 de agosto, ordenado sacerdote, na Igreja de Nossa Senhora da Assunção da Prainha.

1935 – Atraído pelo integralismo, recebe autorização para tornar-se membro do novo partido e assume a diretoria de Instrução Pública do Estado do Ceará.

1936 – 16 de janeiro, muda-se para a cidade do Rio de Janeiro.

FRANCA, Leonel. *A Igreja, a reforma e a civilização*. 4. ed. Rio de Janeiro: Civilização Brasileira, 1934. Observação: "Padre Helder Camara, 1939".

SASSE, Frei Burcardo, ofm, sacerdote. *Exercícios espirituais*, de Santo Inácio de Loyola. Traduzidos segundo o texto original.

II volume. Petrópolis: Vozes, 1939. Observação: "Padre Helder Camara, 1941".

1939 – Tomou posse do cargo de chefe da Sessão de Inquéritos e Pesquisas do Instituto Nacional de Estudos Pedagógicos.

1941 – Foi convidado pelo Cardeal Leme para lecionar nas recém-criadas Faculdades Católicas, no Rio de Janeiro.

NIETZSCHE, Federico. *Así habló Zaratustra.* Tomo VI. Madrid: M. Aguilar, 1932. Observação: "Padre Helder Camara. 1941".

FILHO, Barreto. *Uma psicologia humana da educação.* Separata de "A Ordem", jan. 1941. Observação: "Padre Helder Camara, 1942".

HALÉVY, Daniel. *Péguy et les cahiers de la Quinzaine.* Paris: Grasset, 1941. Observação: "Padre Helder Camara. Fev. 1944".

LEÃO, RUFINO e ÂNGELO. *Lenda dos três companheiros.* Rio: Stella Editora, 1943. Observação: "22.7.44. Vigília. Rio, 23.7.44".

PONCE, Aníbal. *Ambición y Angustia de los Adolescentes.* Buenos Aires: Editor El Ateneo, 1943. Observação: "Padre Helder Camara. Rio, jan. 1944".

PONCE, Aníbal. *O diario intimo de una adolescente.* Buenos Aires: Editor El Ateneo, 1943. Observações: "Padre Helder Camara. Rio, jan. 1944".

MUENZINGER, Karl F. *Psychology: the Science of Behavior.* New York: Harper & Brothers, 1942. Observação: "Padre Helder Camara. Rio, 1945".

PÉREZ, José (org.). *Origens da arte.* São Paulo: Edições Cultura, 1943. Observação: "Padre Helder Camara. Rio, 1945.

1948/1962 – Nomeado assistente-geral da Ação Católica Brasileira.

1950 – Nomeado conselheiro da Nunciatura Apostólica; coordena a preparação para o Ano Santo.

GUARDINI, Romano. *L'univers Religieux de Dostoïevski*. Aux Éditions Du Seuil, 1947. Observação: "Padre Helder Camara. Rio, 7.2.1951".

1952 – 20 de abril, sagração episcopal – bispo auxiliar da Arquidiocese de São Sebastião do Rio de Janeiro.

1952/1964 – Foi secretário-geral da Conferência Nacional dos Bispos do Brasil desde sua instalação (1952).

1954 – Medalha de Mérito Naval – Ministério da Aeronáutica – Rio de Janeiro.

Medalha de Mérito Miliar – Grão-oficial do Exército. Exército do Brasil.

1955 – 2 de abril, elevado a arcebispo auxiliar do Cardeal Dom Jaime de Barros Camara.

Nomeado secretário-geral do XXVI Congresso Eucarístico Internacional, realizado no Rio de Janeiro.

Medalha de Conselheiro Permanente Promovedor dos Congressos Eucarísticos.

1955/1965 – Foi membro do conselho diretor do Conselho Episcopal Latino-Americano (CELAM).

1956 – Placa de personalidade do ano de 1955.

Funda a Cruzada de São Sebastião, a Arquidiocese do Rio de Janeiro.

NETO, João Cabral de Melo. *Duas águas*. Rio de Janeiro: José Olympio, 1956. Observação: "A Dom Helder Camara, que depois de acabar com as favelas do Rio vai acabar com os mucambos do Recife, of. Seu amigo, João Cabral de Melo Neto. Rio, 17.2.1956".

SAINT-EXUPÉRY. *O Pequeno Príncipe*. Trad. Dom Marcos Barbosa. 3. ed. Rio de Janeiro: Agir, 1956.

WALCHEREN, Vander Meer de. *Diário de um convertido*. Rio de Janeiro: Livraria Agir Editora, 1956. Observação: "Rio de Janeiro, 25.10.1958. Abertura do conclave para eleição do sucessor de Pio XII".

1957 – Condecoração de Grande Oficial da Ordem Aeronáutica e Placa de personalidade do ano de 1956.

1959 – Cria o Banco da Providência, na Arquidiocese do Rio de Janeiro.

1960 – Título de Cidadão Honorário da Cidade de São Paulo.

1962 – Medalha Cardoso de Castro – Governo do Estado da Guanabara.

Recebe o Prêmio René Sande de Serviço Social – XI Conferência Internacional de Serviço Social do Rio de Janeiro – Brasil.

1962 /1965 – Participa como Padre Conciliar de todos os períodos do Concílio Vaticano II.

CONGAR, Yves, M.-J. *Falons pour une théologie du laïcat*. 2. ed. Paris: Les Éditions du Cerf, 1954. Observação: "†Helder Camara. Roma, out. 1962. Concílio Ecumênico".

SCHUTZ, Roger (Prieur). *L'unité, espérance de vie*. França: Les pressis de Taizé, 1962. Observação: "†Helder Camara. Roma, dez. 1962. Concílio Ecumênico".

CALVEZ, Jean-Yves. *La pensée de Karl Marx*. Paris: Éditions du Seuil, 1956. Observação: "†Helder Camara. 2ª sessão Vaticano II. Roma, nov. 1963".

LUBAC, Henri De. *Sur les chemins de Dieu*. Éditions Montaigne, 1956. Observação: "Vaticano II. Mar. 1964. Reuniões das comissões. "†Helder Camara."

CONGAR, Yves M.-J. *Sainte Église. Études et approches ecclésiologiques*. Paris: Les Éditions du Cerf, 1963. Observação: "†Helder Camara. Rio, jul. 1964".

1964/1965 – Foi o primeiro vice-presidente do CELAM.

KÜNG, Hans. *Structures de l'Église*. Circ. n. 2. Reunião das comissões/1964.

1964 – 13 de março, é nomeado arcebispo de Olinda e Recife.

ROGUET, Aimon-Marie. *Les sacrements, signes de vie*. Circ. n. 28/1964.

THILS, Gustave. *Théologie des Réalités Terrestres*. Circ. n. 38/64.

BORBA FILHO, Hermilo. *A donzela Joana*. (TEATRO). Recife, 1964. Circ. n. 67/1964.

1965 – Dom Helder cria a *Operação Esperança*, durante uma grande enchente na cidade do Recife, baseada na homônima iniciativa dos monges de Taizé.

MURPHY Robert. *Diplomat among Warriors* (Circ. n. 7/1965).

GUITTON, Jean. *Le Christ écartelé* (Circ. n. 9 e 13 Conciliar/1964).

1967 – Títulos de Cidadão Honorário das Cidades de Aracaju e Recife e dos Estados de Sergipe e Pernambuco.

NIEBUHR, H. Richard. *Cristo e cultura* (Circ. n. 218/1967).

DE AQUINO, Santo Tomás. *Suma Teologica* (Circ. n. 272/1967; n. 417/1968).

CABRAL DE MELO NETO, João. *Morte e Vida Severina* (Circ. n. 287 e 296/1967; 377 e 461/1968).

MARITAIN, Jacques. *Trois Réformateurs: Luther, Descartes, Rousseau, avec six portraits*. Paris Plon, 1925 (Circ. n. 298/1967).

MOHANA, Pe. João Miguel. *Padres e bispos [auto]analisados* (Circ. n. 340/1967).

1968 – Dom Helder funda o Seminário Regional do Nordeste (SERENE II).

Títulos de Cidadão Honorário das Cidades de Olinda e Carpina, Pernambuco.

LA PIRA, Giorgio. *Lázzaro alla tua porta* (Circ. n. 349/1968).

GARAUDY, Roger. *Marxismo do século XX*. La Palatine, Paris-Genève, 1966. (Circ. n. 366 e 417/1968).

BOREL, Paul. *Les trois Revolutions du Developpement* (Circ. n. 446/1968).

1969 – Em preparação da Semana Santa, nasce o Encontro de Irmãos, movimento de evangelização popular alimentado pelo rádio.

Título de Doutor *Honoris Causa* da Universidade de Saint Louis, USA.

COX, Harvey. *On not leaving it to the Serpent*. Macmillan; 1. ed. (1969) (Circ. n. 484/1969).

DE CASTRO MEYER, D. Antônio. *Reforma Agrária, questão de consciência* (Circ. n. 491/1969).

DE CASTRO, Josué. *A geografia da fome* (Circ. n. 520/1969).

FRAGOSO, D. Antonio Batista. *Revolução social do Evangelho* (Circ. n. 584/1969).

MAHATMA GANDHI CENTENNIAL COMMITTEE OF GREATER CHICAGO. Gandhi Memorial Volume (Circ. N. 588/1969).

HANH, Thich Nhat. *Vietnã, flor de lótus em mar de fogo* (Circ. n. 617 e 630/1969).

1970 –Títulos de Doutor *Honoris Causa* da Universidade de Louvain, Bélgica, e da Universidade de Sta. Cruz, Massachusetts, USA.

Recebe o Prêmio Memorial Juan XXIII 1969; Prêmio Martin Luther King – Atlanta (USA), e Prêmio Internacional Viaggio – com o título "O Homem do Terceiro Mundo" – Itália.

ALVES, Rubem. *A Theology of Human Hope*; DE CLOSETS, François. *En Danger de progrès*.

1970/1973 – Dom Helder é candidato ao Prêmio Nobel da Paz.

1971 – Título de Doutor *Honoris Causa* da Universidade de Friboourg, Suíça.

Recebe a Comenda Ordem do Mérito dos Caetés, Olinda, Pernambuco.

FOUCAULD, Père Charles. *Cartas e anotações*; CLEMENT, Olivier. *Dialogues avec Le Patriarche Athénagoras*.

1972 – Título de Doutor *Honoris Causa* da Universidade Católica de Munster, Alemanha.

GARAUDY, Roger. *Perspectivas do homem.* BOFF, Leonardo. *Jesus Cristo, Libertador.*

1973 – Recebe o Prix Hammarskjoeld – "Gran Collar al mérito de fraternidad y solidariedad universal" – L'Association de la presse diplomatique.

GANDHI, Mohandas K. *Minha vida e minha experiência com a Verdade.*

1974 – Dom Helder é delegado do episcopado brasileiro no III Sínodo dos Bispos. Com o seu apoio, é criado no Recife o Serviço de Documentação e Informação Popular (SEDIPO).

Título de Doutor *Honoris Causa* da Universidade de Harvard, Cambridge, USA.

Recebe o Prêmio Popular da Paz. Oslo, Noruega; Prêmio Popular da Paz. Frankfurt, Alemanha; e o Prêmio de Melhor Escritor sobre os problemas do Terceiro Mundo – Iglesias – Celiari, Itália.

Carta pastoral, do Abade Franzoni.

1975 – Títulos de Doutor *Honoris Causa* das Universidade de Paris IV – Sorbonne; Universidade de Cincinnati, Ohio, USA; e Universidade Livre de Amsterdã, Holanda.

Recebe o Prêmio São Francisco. North American Federation Third Ordes of S. Francis, Ohio, USA; o Prêmio Voice of Justice – Secred Pipe – oferecido pelos índios americanos – Davenport – Indiana, EUA; Pacem in Terris Peace and Freedom Award – 1975. Catholic International Council – Davenport, Indiana, USA; e Da Paz Victor Gollancz Humanity Award. Londres, Inglaterra.

COX, Harvery. *A festa dos foliões.*

1976 – Título de Doutor *Honoris Causa* da Universidade de Notre Dame, Indiana, USA.

Recebe o Prêmio Thomas Merton. Pittsburg, Pennsylvania, USA.

MERTON, Thomas. *Contemplation in a world of action.*

1977 – Título de Doutor *Honoris Causa* da Universidade de Florença, Itália.

1977/1978 – Instalação da Comissão Arquidiocesana de Justiça e Paz.

1980 – O Papa João Paulo II visita Recife e saúda Dom Helder como "Irmão dos pobres e meu irmão".

1980 – Recebe a Medalha da Ordem do Mérito Arariboia – Niterói, Rio de Janeiro.

1981 – Títulos de Doutor *Honoris Causa* da Faculdade e Conselho da Universidade de Manhattan, Nova York, USA, e do Conselho dos Curadores e Presidência das Faculdades da Universidade de Loyola, New Orleans, Louisiana, USA.

1982 – Título de Doutor *Honoris Causa* da Pontifícia Universidade Católica de São Paulo e da Universidade Santa Úrsula, Rio de Janeiro.

Recebe o Prêmio Artesão da Paz. Servizio Missionário Giovani – Turim, Itália; o Prêmio Ondine ai Mérito dela Pace. Comune di Dusino San Michele Asti, Itália; e o Prêmio Mahatma Gandhi. TV Globo São Paulo, São Paulo, Brasil.

1983 – 7 de abril, Dom Helder recebe o "Niwano Peace Prize".

Títulos de Cidadão Honorário da Cidade de Timbaúba, Pernambuco, e do Estado do Rio Grande do Norte.

Títulos de Doutor *Honoris Causa* da Saint Joseph College – Universidade West Hartford, USA, e da Universidade Católica de Pernambuco, Recife.

1984 – Amigos e colaboradores do Dom criam a Obras de Frei Francisco (hoje Instituto Dom Helder Camara).

Títulos de Cidadão Honorário das Cidades de Mossoró, Rio Grande do Norte; de Paulista, Pernambuco; de Caruaru, Pernambuco; e de Curitiba, Paraná.

Títulos de Doutor *Honoris Causa* da Saint Mary's University, Halifax, Canadá; da Saint Xavier College, Chicago, USA; da Universidade Federal Rural de Pernambuco; da Universidade Católica de Goiás.

1985 – 10 de abril, torna-se arcebispo emérito de Olinda e Recife.

Títulos de Cidadão Honorário das Cidades de Ribeirão Preto, São Paulo; de Goiânia, Goiás; da Aldeia da Paz na cidade de São Nicolau, Suíça.

Títulos de Doutor *Honoris Causa* da Universidade Metodista de Piracicaba, São Paulo, e da Universidade Federal de Pernambuco.

Recebe o XIII Premio Internazionale Della Testimonianza. Oferecido pelas Dioceses de Mileto, Nicotera e Tropea, com o título Profeta del Terzo Mundo – Vibo Valentia, Itália.

1986 – Títulos de Cidadão Honorário das Cidades de São Salvador, Bahia; de Navegantes, Santa Catarina; e de São Luís, Maranhão.

Títulos de Doutor *Honoris Causa* da Universidade Ottaviensis, Ottawa, Canadá, e Universidade Federal de Santa Catarina.

Recebe o Raoul Follereau. Oferecido pela Associazone Italiana Amici di Raoul Follereau. Roma, Itália.

Recebe o Grau de Grão-oficial da Comenda da Ordem do Rio Branco – Brasília, Distrito Federal.

1987 – Título de Cidadão Honorário da Cidade de Racamadour, França.

Títulos de Doutor *Honoris Causa* da Saint Mary's College Notre Dame, Indiana, USA, da Universidade Católica de Santos, São Paulo, da Universidade Católica do Paraná, e da Universidade do Estado do Ceará.

Recebe o Prêmio Roma – Brasília Cidade da Paz. Oferecido pela prefeitura de Roma, Itália; e o Christopher Award for 1987, oferecido pela Through the Gospel, USA.

1988 – Título de Cidadão Honorário da Cidade de Fernando de Noronha, Pernambuco.

Troféu Nelson Chaves 1988. Oferecido pela Sociedade de Nutrição Humana de Pernambuco, Recife, Pernambuco – Brasil.

1989 – Título de Cidadão Honorário da Cidade de Canindé, Ceará.

1990 – Títulos de Cidadão Honorário das Cidades de Itabuna, Bahia; de Belo Horizonte, Minas Gerais; e de Belém, Pará.

Títulos de Doutor *Honoris Causa* da Universidade Federal do Pará e Universidade Federal do Ceará.

1991 – Ordem de San Raimundo de Peñaforte – Madri, Espanha; Grão-mestre da Ordem Nacional do Mérito, Brasília, Distrito Federal; Medalha, Grão-mestre da Ordem do Mérito dos Guararapes, Recife, Pernambuco; Grã-cruz da Ordem do Mérito Mato Grosso, Cuiabá-MT.

Títulos de Cidadão Honorário das Cidades de Barbacena, Minas Gerais; de João Alfredo, Pernambuco; de Valença, Bahia.

Título de Doutor *Honoris Causa* da Pontifícia Universidade Católica do Rio de Janeiro.

1992 – Títulos de Cidadão Honorário das Cidades de Cuiabá, Mato Grosso; e de Garanhuns, Pernambuco.

Recebe o Prêmio Heleno Fragoso pelos Direitos Humanos. Centro Heleno Fragoso. Curitiba, Paraná – Brasil; e Paul VI – Teacher of Peace a Ward, Assembleia Nacional Pax Christ. Minnesota Rochester, USA.

1995 – Título de Cidadão Honorário da Cidade de São José dos Campos, São Paulo.

1997 – Recebe o UNIPAZ 1997. Outorgado pela Fundação Cidade da Paz Universidade Holística Internacional – Brasília – Distrito Federal.

1999 – Recebe a Placa da Escola Estadual de Petrolina Dom Helder Camara – Assembleia Legislativa de Pernambuco – Brasil; Medalha de Honra dos Guararapes – Desfile cívico em comemoração à semana da pátria – Jaboatão dos Guararapes – Pernambuco; sessão especial em homenagem a Dom Helder Camara. Assembleia Legislativa de Pernambuco.

1999 – 27 de agosto, falece em casa de insuficiência pulmonar aguda.

(*In memoriam*) Prêmio UNESCO. Concedido pelas Organizações Unidas para a Educação, a Ciência e a Cultura, na categoria Direitos Humanos e Cultura da Paz. Brasília – Distrito Federal; placa de inauguração do Auditório Dom Helder Camara. Secretaria de Educação/Diretoria regional de Educação Recife Sul (DERE); inauguração da Avenida Dom Helder – Ibura. Prefeitura da Cidade do Recife. Prefeito Roberto Magalhães; Turma Dom Helder Camara, formandos de Direito da Universidade Católica de Pernambuco; sessão especial em homenagem ao Dom do Amor, da Paz e da Justiça. Câmara Municipal de Olinda. Vereador Marcelo Santa Cruz.

2000 – Homenagens póstumas da Turma Dom Helder Camara, formandos de Nutrição da Universidade Federal de Pernambuco; Système dês Ecoles Associèes, denominação do grupo escolar integrado do S.E.A. da UNESCO em Point-noire em Congo Brazzaville (África). Point – noire. Prêmio de Direitos Humanos em reconhecimento póstumo promovido pela Associação das Nações Unidas em 1999. Câmara Municipal de Campinas. Prêmio Direitos Humanos "Conhecimento Póstumo" e montagem de um painel informativo. Certificado para a OFF de amigos especiais. Festividades pela paz sob o tema "Sou especial, sou da paz", com homenagem a Dom Helder Camara. Paulista – Pernambuco. Prêmio Dom Helder Camara de Cultura de Paz nas Escolas. Concedido pela UNESCO e pela Secretaria de Educação do Estado de Pernambuco. Recife.

2001 – Placa Dom Helder Camara. Homenagem prestada pelo Centro de Artes e Comunicação da Universidade Federal de Pernambuco. Ano letivo 2001: Dom Helder Camara, o Peregrino da Paz. Prefeitura da Cidade do Recife. Prêmio Dom Helder Camara de Cultura de Paz – 2001. Turma Dom Helder Camara. Curso de Teologia para Leigos da Universidade Católica de Pernambuco. Placa da FASE. Concedida nos 40 anos de fundação com reconhecimento ao apoio recebido por Dom Helder.

2002 – Título de Cidadão Honorário da Cidade de Catende (*in memoriam*).

Escultura e troféu. Recebidos nos 40 anos da Federação dos Trabalhadores na Agricultura do Estado de Pernambuco – FETAPE. Medalha Dom Helder Camara de Direitos Humanos, concedida pela Câmara Municipal de Olinda anualmente.

2008 – Utópicos e Rebeldes. Cedido pelo Ministério da Cultura, através de sua representação regional em São Paulo e da Secretaria Especial dos Direitos Humanos da Presidência da República entre 20 de junho e 03 de julho de 2008, na Cinemateca Brasileira – Sala BNDS. Prêmio Alceu Amoroso Lima – poesia e liberdade. Concedido pelo Centro Alceu Amoroso Lima e pela Universidade Candido Mendes, na categoria Prêmio "Post-Mortem". Rio de Janeiro – Brasil.

2009 – Título de Cidadão Honorário da Cidade do Rio de Janeiro (*in memoriam*).

2012 – Seu corpo foi exumado e seus restos colocados na capela lateral da Catedral de São Salvador do Mundo (Igreja da Sé, em Olinda).

2015 – Abertura do processo de beatificação e canonização de Dom Helder Camara.

2016 – Título de Cidadão Honorário da Cidade de Vitória de Santo Antão, Pernambuco (*in memoriam*).

Imagens
Acervo do Instituto Dom Helder Camara — IDHeC

Helder Camara na sua Primeira Comunhão,
Igreja da Prainha, Fortaleza, 28 de setembro de 1918.

Recém-ordenado sacerdote, em 1931.

Cópia do telegrama enviado pelo Padre Helder ao Professor Lourenço Filho, em 23 de novembro de 1935.

Recém-sagrado Bispo Dom Helder, Arquidiocese de São Sebastião do Rio de Janeiro, em 1952.

Cópia da carteira da
Biblioteca Central de Educação
de Padre Helder.

Dom Helder em uma das sessões do
segundo período conciliar, Roma, em 1963.

Dom Helder Camara paramentado como Arcebispo de Olinda e Recife.

Dom Helder trabalhando em Recife, 1970.

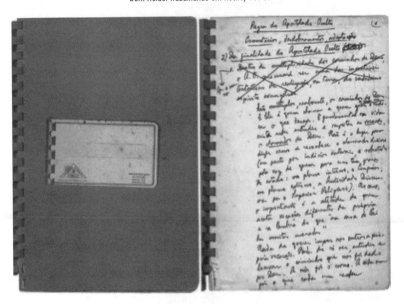

Capa e primeira página do caderno de anotações, "Regra do Apostolado Oculto".

Virgínia Côrtes de Lacerda.

(Fonte: Centro de Estudos Virginia Cortes de Lacerda - UERJ)

Dom Helder com Alceu Amoroso Lima.

Parte das estantes da Biblioteca Carioca, de Padre Helder Camara.

Parte das estantes da Biblioteca Recifense, de Dom Helder Camara.

Mesa de trabalho, na residência de Dom Helder em Recife, Igreja das Fronteiras.

Capa do livro: *Diario intimo de una adolescente*, de Aníbal Ponce. Lido e anotado por Padre Helder e Virgínia Côrtes de Lacerda, em janeiro de 1944.

Anotações manuscritas feitas por Padre Helder e Virgínia Côrtes de Lacerda nas margens das p. 16 e 17 do livro de Aníbal Ponce, *Diario intimo de un—a adolescente*.

Dom Helder com o Cardeal Giovanni Battista Montini, em visita aos moradores da favela do Pinto, junho de 1960.

Dom Helder durante a audiência com o Santo Padre Paulo VI, em 25 de outubro de 1974, ao terminar o 3º Sínodo dos Bispos.

Capa do livro: *Diálogos com Paulo VI*, de Jean Guitton, lido e anotado por Dom Helder em junho de 1969.

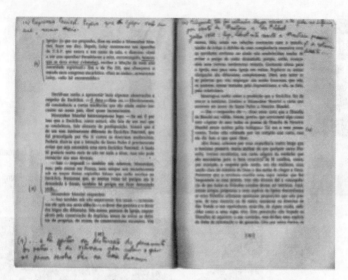

Anotações manuscritas feitas por Dom Helder nas margens das p. 26 e 27 do livro de Jean Guitton, *Diálogos com Paulo VI*.

Impresso na gráfica da
Pia Sociedade Filhas de São Paulo
Via Raposo Tavares, km 19,145
05577-300 - São Paulo, SP - Brasil - 2019